Googleビジネスプロフィールで すごい集客力を手に入れる

永山卓也［著］
株式会社ｍｏｖ口コミラボ／口コミコム編集部［協力］

青春新書
INTELLIGENCE

はじめに

はじめまして。地域・店舗マーケティングの専門家として、全国各地の店舗や自治体で支援している永山と申します。この本を手にとってくださり、ありがとうございます。

仕事柄、出張が多いのですが、この日本には素敵なお店や施設がたくさんあるとつくづく感じます。商品の質は高く、サービスは当たり前のように丁寧で、価格だってものすごく頑張っている。それなのに、「思うように集客できない」「売上が伸びない」と悩む店舗や施設が非常に多いのも事実です。そんなお店や施設を少しでも後押しできたらという想いで、本書を執筆しています。この本が少しでもお役に立てば幸いです。

ここでひとつ、実際に支援したお店の話をさせてください。元々別の店舗だった居抜き物件を活用したパン屋さん。集客に悩んでいました。お店の外観は真っ白で看板もわかりにくく、そもそも何屋さんなのかもわからない状態でした。

しかし、あることを行った結果、集客と経営の安定化につながるきっかけになりました。その後もこのお店は、お店の方々の絶え間ない努力もあり、コロナ禍を乗り越え、現在も地域の人気のパン屋として営業を続けています。

その答えは2つあるのですが、まず1つめが「外壁にパンの絵を描いたこと」。

何屋さんなのかわかりにくい　→　何屋さんかわかりやすいように絵を描く

というのはシンプルで理解しやすい方法だと思います。ただ、これを読んで

「なーんだ、そんなことか」
「ウチはさすがに何屋さんかわからないほどじゃないな」
「そもそも絵を描くにしても貼るにしてもお金かかるよ……」

などなど……自分のお店ではあまり役に立たないな、という感想を持った方もいると思います。

しかし、ここで重要となる「お店がどう見えるか」というのは、何も実際の店構えだけではありません。みなさんは、インターネット上で自分のお店の〝見え方〟を確認したことがあるでしょうか？

お店の名前で検索されたとき、検索結果に出てくる情報。ここはしっかりと魅力が伝わる状態になっているでしょうか。今やインターネットでお店を探す時代。もしかすると、何も情報が出てこず、お店の前に看板を立てていないのと同じような状態になっているかもしれません。魅力が伝わらない状態かもしれません。つまり、あなたの近くでお店を探している人がたくさんいるにも関わらず、あなたのお店の前は素通りされてしまっているかも、ということになるわけです。

そして、パン屋さんが集客に成功したもう1つの答えは、「ネットで口コミをお願いしたこと」でした。これ、どういう効果を生むと思いますか？　読者の方の中には「全然わからない」という方から「すでにやってるよ！」という方もいるでしょう。ほかにも良い方法はあるのかも気になる所だと思います。そこで本書は誰もが知っている、インターネット上の「店構え」を整えることができる、口コミも集まってくるGoogle検索やGoogle

マップを中心に「お金をかけずにできる集客テクニック」「売上アップにつながるヒント」を紹介していきます。

本書の題目にある「Googleビジネスプロフィール」は、先述したGoogle検索やGoogleマップ、大げさに言えばインターネットの世界に、お店で一番大きい看板を作成できる無料サービスです。来店に至るまでのお客様のさまざまな不安を払拭し、来店意欲や購買意欲を高め、さらにはファン化にまでつなげられる優れものです。実際、これはとあるピザチェーンの事例ですが、Googleビジネスプロフィールの活用によってGoogleマップ経由の来店数が3倍に伸びました。すでに知名度のあるチェーン店でもこれだけ伸び代があるのですから、もしも今、Googleビジネスプロフィールをまったく活用できていない……と悩んでいるなら、今からはじめれば集客数が5倍、10倍、(もっと！100倍!?)…なんてことも十分にありえる話です。盛り過ぎ？　いえいえ、実際にある話なんです。

ここまで読んで、「Googleビジネスプロフィールって何……？」「インターネットに弱くて、使っていける自信がない……」と思ってしまった方もご安心ください。実践的なノウハウや具体的な事例とともに、Googleビジネスプロフィールの活用法をできるだけわかりやすくお伝えします。

本書はより内容を充実させるため、口コミサイト対策をはじめとした店舗のマーケティングに関わるノウハウを提供するニュースメディア「口コミラボ」、業界最大級のインバウンドビジネスメディア「訪日ラボ」を手がける株式会社movの協力のもと、執筆しています。

「自分たちに足りなかったのはそんなことだったのか」「よし、明日からやってみよう」と思えるような、ちょっとしたヒントにみなさんが出会えることを願って。

この本が一生懸命なお店の小さな希望になれたら、こんなに嬉しいことはありません。

２０２４年吉日

永山卓也

Googleビジネスプロフィールで
すごい集客力を手に入れる

contents

—第1章—

Webサイトや SNS より最優先!?
いまや大多数の人が、「Googleマップ」で行くお店を決めている!

－第２章－

どんなことができる？
「Googleビジネスプロフィール」の集客につながる情報整備

－第5章－

お店の印象も検索結果も左右する！ 集客を後押しする「口コミ」はどう集めるのか

－第6章－

SNSやチラシ、自社サイトも味方に！
大事なのは「来店までの流れ」を考えること

－第7章－

Googleビジネスプロフィールの業種別テクニック

飲食・小売・サービス・宿泊

―第8章―

「インバウンド」を呼び込む知られざる手法とは

Googleマップの活用が集客のカギ！

第1章

いまや大多数の人が、「Googleマップ」で行くお店を決めている！

WebサイトやSNSより最優先!?

売上を伸ばしているお店が、必ずやっていること

売上を伸ばすためには、何が必要なのでしょうか。これまで多くの店舗経営者の方々から、売上や集客に関する悩み相談を受けてきました。この問題に対する回答は世の中にさまざまあると思いますが、僕が絶対に欠かせないと考えているのは「マーケティング」です。

「マーケティング」という言葉を聞いて、どんな印象を持ちますか？　聞いたことはあるような気がするけど、よくわからないという方も多いでしょう。もしかしたら、「えぇーっ、集客方法を教えてくれるんじゃないの⁉」という感じで、もうこの本を読むのをやめたくなってしまった人もいるかもしれません。

安心してください。ここで「ナンタラ法を使った分析をして云々」みたいなことをお話しするつもりはまったくありません！　これを読んでおくと、より理解が深まるので、ちょっとだけお付き合いください。

では、難しい用語を使った本は読みたくない！という方のために、このよくわからないマーケティングというカタカナ言葉を、「商売の仕組みづくり」と言い換えてみます。するとどうでしょう。ぐっと身近なものに感じられてきませんか。たとえば看板やチラシ、広告、ホームページ、地域の競合店の把握などは、すべて「マーケティング」活動のひとつとなります。

ここで「あれ？」と疑問に思った読者の方もいるでしょう。「商売の仕組みづくりって、そんな基本的なことやっていない店あるの？」と。そうなのです。仕組みをつくらずに商売なんてできません。みなさんが普段当たり前にやっていることが、実は「マーケティング」と呼ばれるものなのです（それをマーケティングと意識してやっていないとも言えますが）。

では、日常的にマーケティングをやっているとするなら、商売の仕組みはできているはずです。なのに思うように売上が伸びないと悩むのはなぜでしょうか。

それは、現在のその仕組みの中で、うまく歯車がはまっていない部分、もしくは抜けている部分があるからです。

じゃあ、その抜けてる部分ってどこ？　となりますよね。

日本の店舗ビジネスでは特に「伝えること」と「知ること」が抜けがちで、効果的に機能していない、いわゆる歯車がはまっていないことが多いです。


まず「伝えること」は、文字通り情報を伝えることを指します。

昨今、さまざまな情報サービスの誕生やスマートフォンの普及に伴い、特にインターネット上では非常に多くの情報があふれています。そんな中でなんとなく、漠然と情報を発信しても、多くの情報に埋もれてしまい、店舗や施設の魅力に気づいてもらえない……なんてことがよくあります。

きちんと魅力を知ってもらえるように、情報を「発信」するだけではなく、きちんと「伝達」する、つまり情報の受け手に届いているかどうかを意識することが重要なのです。


また、どのくらいの人に見られていて、どのくらい集客に結びついているのかといったことを「知ること」も、より良い商売の仕組みづくりに欠かせません。

これを知らず情報を発信し続けていても、いつまで経っても伝わらず、結果につながらないことが多いのです。

一方、こういった情報を知ることで、発信した情報がきちんと伝わっているかどうかがわかるので、より効果的な集客ができます。

このように「伝えること」と「知ること」を意識すれば、商売繁盛への近道になる、というわけです。

では具体的にどうやって実践すればいいのでしょうか。

そこで今回、注目したいのが、誰もが知るあの「Google」です。実際、近年売上を伸ばしている店舗の多くが、Googleマップや Google検索の仕組みをうまく活用し、集客を行うようになってきています。とはいっても具体的にどんなことをしているのか、何を真似すればいいのか、現段階ではまったくイメージがつかない方もいらっしゃると思います。

では、これから私と一緒にGoogleマップ・Google検索の活用方法を学びながら、今の時代にぴったりな「商売繁盛の仕組みづくり」を一緒に考えていきましょう。

Googleの検索結果に表示される地図と店舗。
これがホームページより上部に表示されます。

Googleでお店を検索すると店舗情報が表示される

Googleを活用した商売の仕組みづくりについて具体的な話をする前に、まずは「Google」が今どのような使われ方をしているのかを簡単にお話しさせてください。

現在、Google検索でお店を検索すると、ホームページとは違う「店舗情報」が表示されるのをご存じでしょうか。たとえば「居酒屋」と検索すると、地図とともにいろいろな店舗の情報が検索結果の上部に表示される仕組みになっています。

これは、Googleマップに掲載されている店舗・施設情報と同じものです。Googleが「地域の店舗や施設に関連した検索である」と判断すると、検索した端末の位置情報（場所）や検索語句などを考慮し、Googleマップの情報を検索結果に表示させるのです。

みなさんも何かお店を探すときに、Googleで近くのカフェを調べたり、「渋谷 美容院」と地名を入れて検索したりしたことがきっとあると思います。その際、検索結果としてこうした店舗・施設情報の枠が表示され、その中から行くお店を決めたという経験もあるのではないでしょうか。このような検索行動を、ローカル（地域）の情報を検索するという意味で「ローカル検索」といいます。

近年、このローカル検索でお店を選ぶ人が増えています。Googleの検索結果の上部に地図や店舗情報がまとめて表示されるようになったことで、検索した人はこの情報だけでもどのお店に行くか判断できるようになり、複数のお店のホームページを行ったり来たりしながら比較検討する必要がなくなりました。

この変化をふまえて多くの店舗が注力しはじめているのが、Googleのローカル検索対策です。集客の手法として、場合によっては自社ホームページや各種ポータルサイト以上の影響力を持つようになったローカル検索対策は、昨今の検索行動にぴたっと寄り添うお店の宣伝・集客の手段として、高く注目を集めているのです。

検索エンジンでも、地図サービスでも、Googleのユーザー数は世界一

なぜGoogleなのかと思う人もいるかもしれません。とはいえ、先ほどもご紹介したGoogleマップやGoogle検索、みなさんも名前は聞いたことはあるでしょうし、一度は使ったことがあるのではないでしょうか。

Googleマップのアプリは今、日本だけで月間4700万人もの利用者数を誇る、国内で最も使われている地図・旅行サービスとなっています。株式会社movの調査では、99・4%の人がGoogleマップを「使ったことがある」と回答。極端な話、日本人のほとんどが、一度はGoogleマップを使ったことがあると言っても過言ではなくなっています。

世界的に見ても、Googleマップの利用者数は一部の国を除いて圧倒的です。2021年にはこの年だけで1億回以上ダウンロードされ、地図・旅行アプリ系のダウンロード数で1位を獲得しています（参照：Apptopia）。また2024年現在、Androidのスマートフ

ォンにはGoogleマップアプリが標準で搭載されており、アプリをダウンロードしなくてもGoogleマップが使える状態になっているため、実際にはもっと多くの利用者がいる可能性があります。

一方のGoogle検索もGoogleマップと同様、多くの国で利用率ナンバー1の検索サービスです。日本国内の利用率は２０２４年４月時点で79・９％となっており、２位のYahoo!（10・３％）と3位のBing（８・３％）を大きく引き離している状況です（参照：Statcounter）。

大多数の人がGoogle検索を日常的に使っているというわけです。

これらのデータから、Googleは地図サービスと検索エンジンの両方で世界一を誇っており、そこに掲載される店舗情報は非常に多くの人に見られていることがわかると思います。これだけ多くの人に見られているであろう店舗情報を、何もせず放置するのは非常にもったいないと思いませんか。

公式ホームページと比較すると…

Google上の店舗情報の重要性はわかったものの、店舗のホームページとどちらを優先的に対策すべきだろうか？　と疑問に思う方もいるかもしれません。ここで面白いデータをご紹介しましょう。

ある飲食チェーンのデータです。公式サイトの閲覧数（PV）を見ると、月間3億回（！）にのぼりました。この数字自体、チェーン店でもなかなか達成できるものではありません。対して、Googleのローカル検索で店舗情報が表示された回数は、同期間でなんと「9億回」（！！！）。3億回も表示されるほどブランディングに成功し、しっかりと作り込まれた公式ホームページと比較しても、Googleの店舗情報の表示数が3倍もの差をつけたのです。

なお、もう少し規模の小さい店舗の場合はどうかというと、公式ホームページとローカル検索で表示される店舗情報の閲覧数の差は、さらに大きく開く傾向にあります。とあるサービス業のお店では地図情報がホームページの閲覧数の8倍、別の飲食店では25倍、さらに別の小売店では41倍にもなったというデータもあります。

理由としては、お店を探すために検索した際、目立つ場所にGoogleマップの情報が出てくるようになり、ホームページを行ったり来たりしながら探すことが少なくなったことがまず挙げられます。

そして公式ホームページの検索対策も小さいお店だと不十分、または行われてすらいない、できない場合が多いです。そうなると、大手まとめサイトや知名度のある大手チェーンに比べ、お店のホームページが表示される機会は、圧倒的に少なくなります。

本格的にホームページの検索対策を行うには、自分たちで整備する作業時間や、専門の業者に依頼する予算なども必要になります。

検索対策に力を注いでいる口コミサイトや大手企業のホームページが並ぶ検索結果の中で、小規模店舗のホームページを目立つ場所にたくさん表示させることは、なかなかに大変なことなのです。

Googleの店舗情報はSNSよりも見られている!?

では、今流行りの「SNS」と比較すると、どちらを優先すべき？　というのが、次に持つ疑問かと思います。

SNSには、InstagramやX（旧Twitter）、Facebook、TikTokなどがありますが、読者のみなさんはSNSだけやっておけば集客対策は問題ないと思いますか？

実際、Instagramでお店を知り、そして来店するという人もいます。

「じゃあやっぱりSNSを活用すればいいいんじゃないの？」と思う人もいるでしょう。

ここで株式会社movが約1000名を対象に行った調査を見てみましょう。左のグラフを見てわかる通り、SNSでお店を調べている人もいますが、Googleなどの検索エンジンやGoogleマップなどの地図サービスが使われるケースが多いのです。

また、28ページの図表の通り、年代別に見てみても、10~20代の若い層ではSNSでお店を探す人の割合がほかの世代より増えるものの、やはりGoogleなどの検索エンジンの

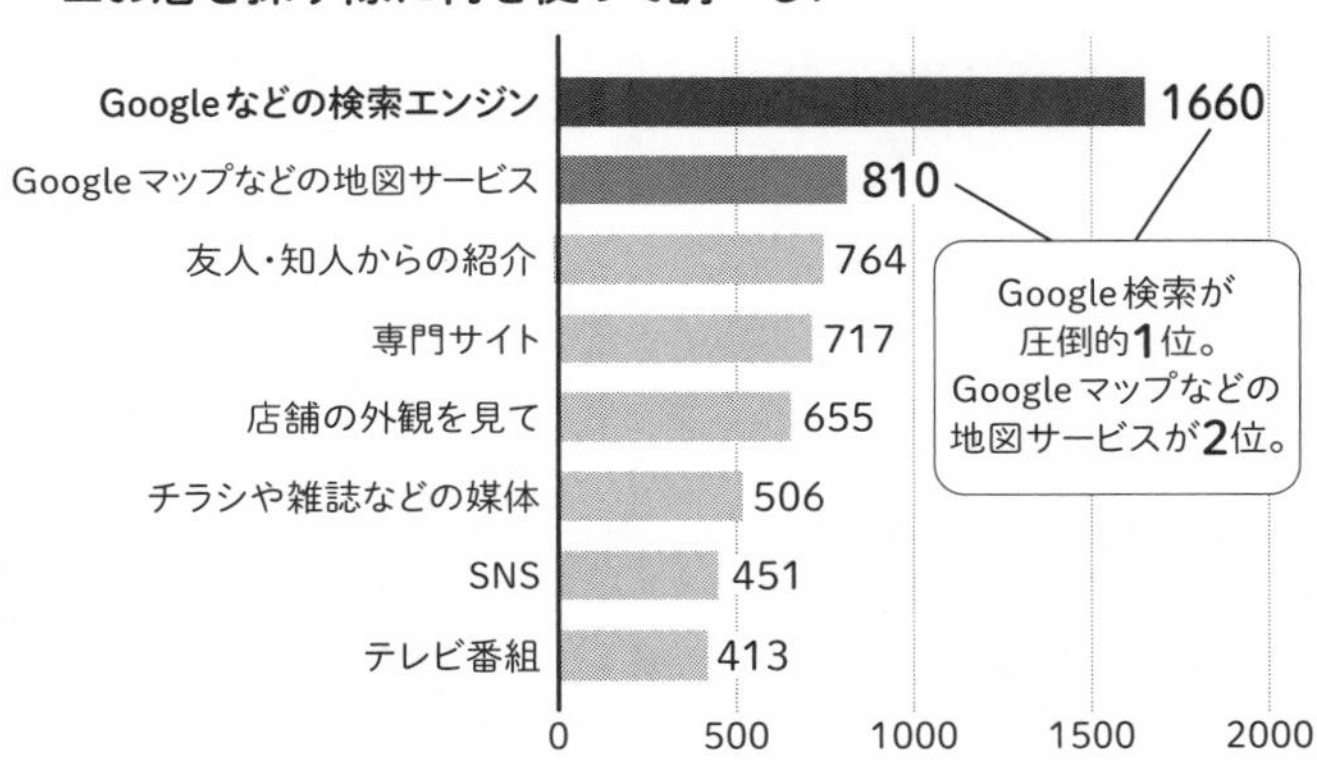

出典：株式会社movロコミ調査
※「お店を探す際に最も使うツール」1位〜3位をスコアリング方式で集計

ほうが使われているという結果になりました。

とはいっても、筆者はSNSの活用はむしろ推奨派です。ただ、優先順位をつけるなら、先ほど挙げたGoogleのローカル検索の活用をおすすめします。

理由は4つあります。

1つめは、調査結果からもわかる通り、店舗を探すときにSNSよりもGoogleマップやGoogle検索を使う人のほうが多いから。同じ発信をするなら、より探す人が多いところで発信するほうがいいからです。

2つめの理由は、「私はお店をSNSで検索しているよ」という方も、SNSで良さそ

■[年代別]お店を探す際に何を使って調べる?

Z世代(〜20代)を中心に見てみると、全体の順位との違いが見えます。

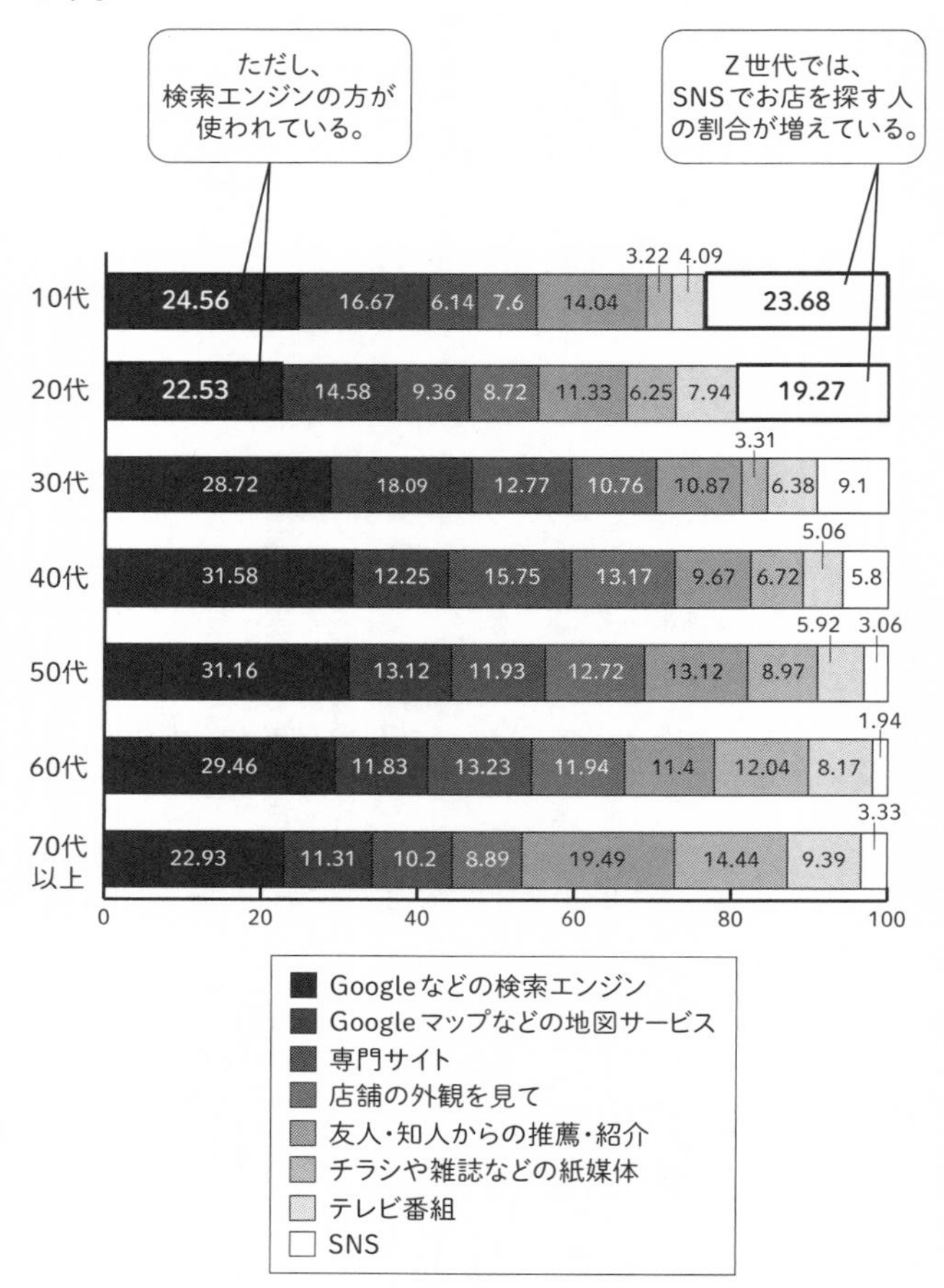

※「お店を探す際に最も使うツール」1位〜3位をスコアリング方式で集計

うな店舗や商品を知ったあと、検索エンジンやマップでお店を検索している場合が多いから。

2024年現在、SNSには経路検索などのナビ機能は用意されておらず、自宅や現在位置からお店までの行き方を調べる方は別途、検索エンジンや地図サービスを使います。

ですので、そのサービスの筆頭であるGoogleで検索をして店の行き方を調べる流れがあるのです。

さらに言うと、Googleの口コミ評価をチェックしたり、お店の情報を調べたりします。

そういった中で、情報が見つからなかったり、不足していたり、行きたくなくなるような問題ある情報が掲載されていたりしたら、来店してもらえない可能性も大いにあるわけです。

3つめの理由は、SNSでお店や商品を知ってもらうためには「フォロワーをたくさん増やす」こと、もしくは「たくさんシェアしてもらう」必要があるということです。これには多くの努力と時間がかかります。一朝一夕にはいきません。

フォロワーを増やすための一番の方法はお店でSNSアカウントを宣伝することなのですが、そうなると新規顧客より既存顧客がメインになります。そこからシェアしてもらったりして、ようやく新規顧客に「伝えられる」ようになります。

ＳＮＳによる集客は仕組みとしてはアリなのですが、お店のＳＮＳアカウントがそこまで到達するのは大変で、一歩一歩です。特にゼロからのスタートで考えると、人によっては気が遠くなるかもしれません。

４つめの理由は、Googleマップなどに掲載される店舗情報はほとんどの場合、開業するとGoogleや利用者が「ここにお店がある」として、自動的に（勝手に！とも言えますが）お店の情報を作り、ある程度検索に引っかかる土台を作ってくれることです。

これらの理由から、Googleのローカル検索の活用をおすすめするのです。

Googleで検索した人の何％が、来店や購入につながっているのか

これまで説明した通り、Google上の店舗情報は、公式ホームページやＳＮＳよりも、たくさんの人に見てもらえる可能性が高いといえます。

しかし、Googleの検索結果での表示回数が多かったとしても、それが来店につながらな

ければ意味がありません。では実際、どのくらいの人がGoogle検索やGoogleマップを経由してお店を訪問しているのか見てみましょう。

Googleが公表しているデータでは、モバイル検索（スマートフォンでの検索）全体の3回に1回が「場所」に関連する検索だったことがわかっています。

しかも、スマートフォンでお店や場所を検索した人のうち76％が、24時間以内に実際にその場所を訪れ、さらにはそのうち28％の人が購入に至ったというのです。

このGoogleのデータは、２０１６年と少々古いデータです。スマートフォンのさらなる浸透、特にシニア層への普及やGoogleの進化、コロナ禍によりお店探しがデジタルへ移行したことなどを考えれば、こういった検索の回数はますます増えていると考えられます。

「Googleビジネスプロフィール」とは

さて、ここまで長い前置きがありましたが、ここからが本題です。お伝えしてきた通り、繁盛するお店を作るためには、Google検索やGoogleマップで表示される店舗情報の最適化が欠かせません。
そのために必要なツールが、「Googleビジネスプロフィール（旧：Googleマイビジネス）」です。

Googleビジネスプロフィールとは、店舗のオーナー向けにGoogleが公式に提供しているもので、Google検索やGoogleマップで表示される店舗情報を優先的に編集・加筆できるサービスです。なんと費用は無料で、ほかにもさまざまなメリットがあります。
では、Googleビジネスプロフィールを活用する利点をいくつかご紹介しましょう。

Googleビジネスプロフィールを活用するメリット

▼無料！

繰り返しになりますが、Googleビジネスプロフィールの利用には費用が一切かかりません。無料でGoogle上の店舗情報を登録することが可能です。

一方、多くの集客ツールは、ある程度の費用がかかります。たとえば有料で掲載する口コミ予約サイトや広告の場合はそれ相応の予算を準備しなければなりません。

ホームページも自前でない限りは外注費が発生します。多くの人がサイトに訪れる状況を作るには、SEOといったホームページの検索対策、ホームページの改修などが必要になるため、多くの場合予約サイトや広告などへの掲載と同等か、それ以上の費用と労力を注ぐ必要があります。

「集客をもっと強化したい」と思ったとき、利用や発信にお金をかけずに済み、かつ先ほどお話ししたように多くの方に見てもらうことができるGoogleビジネスプロフィール、活用しない手はありません。

▼イチから育てる必要がない！

無料で使える集客ツールとして、SNSをイメージした人もいるかもしれません。しかし先述した通り、InstagramでもXでもFacebookでも、フォロワーや登録者が少ないままでは広く情報を届けることはなかなかできません。一度でもSNSを使ったことのある方なら、その難しさや大変さはイメージできるのではないかと思います。

集客において大きな力を持つまでには、相当な時間と労力をかけてアカウントを育てる必要があるのです。逆に、その労力をかけることなく早期に効果が見込める有料掲載の広告やネット予約サービス系サイトなどは、それ相応の費用が必要になります。

その点、Google上の店舗情報は新規開業などでない限りはGoogleマップやGoogleの検索結果に掲載されており、すでにある程度検索されていて世界中の人に見てもらえる状況にあります。

Google上の店舗情報を管理・運用できるGoogleビジネスプロフィールなら、ほとんどの場合SNSのようにイチから育てる必要がないのです。

新規開業の場合でも、店舗情報が検索結果の目立つところに出たりするので、早く集客の一助になってくれます。

▼工夫次第で集客力アップ！

先述の通り、Google上の店舗情報は不足している情報を埋めるだけでも集客の一助になります。さらに、のちほどご紹介するような施策を実施することで（もちろん無料です）、さまざまな集客効果が期待できます。

たとえばお店からのお知らせやおすすめのメニューの紹介などを表示できる「投稿」機

能もありますし、積極的に口コミを集め、お店の魅力を来店者視点でアピールするといった施策もあります。

とりあえず情報を整えるだけという使い方もできますし、工夫次第で一層の集客効果を追い求めることもできます。店舗・施設のそのときどきの状況にあわせた使い方をしていきたいところです。

もちろん、ホームページ・SNS・口コミサイト・広告などが集客面で役立つシーンも多々あるので、予算や時間が潤沢にあるのなら、並行して取り組むと良いでしょう。ですが、それらに限りがあるのであれば、Googleのローカル検索対策を強くおすすめします。コストを抑えつつ、最短距離で最大限の集客を図ることにつながるでしょう。

読者のみなさんも、そろそろ関心が高まってきた頃かと思います。それでは、次章からGoogleビジネスプロフィールの具体的な使い方を学んでいきましょう。

― 第2章 ―

どんなことができる？
「Googleビジネスプロフィール」の集客につながる情報整備

Googleビジネスプロフィールでできる4つのこと

Google検索やGoogleマップに掲載される店舗情報を使って集客するにはGoogleビジネスプロフィールの活用が必須とお伝えしましたが、具体的にどんなことができるのでしょうか。まずはその主な機能を簡単にご紹介しましょう。

①店舗情報の優先的な加筆編集ができる

Googleビジネスプロフィールでは、住所、電話番号、営業時間、定休日など、店舗に関するさまざまな情報の編集が可能です。

Googleビジネスプロフィールの機能を利用するには、店舗・施設の「オーナー」として登録する必要があります。ビジネスのオーナーとして情報を発信、整備していくことで、Googleマップや Google検索を見てお店を探している人々に、正しく魅力的な情報を届けることができます。

これらは基本的な機能ではありますが、Googleのローカル検索対策においてとても重要な役割を果たします。というのも、Google上の店舗・施設情報にはお店側が意図しない形

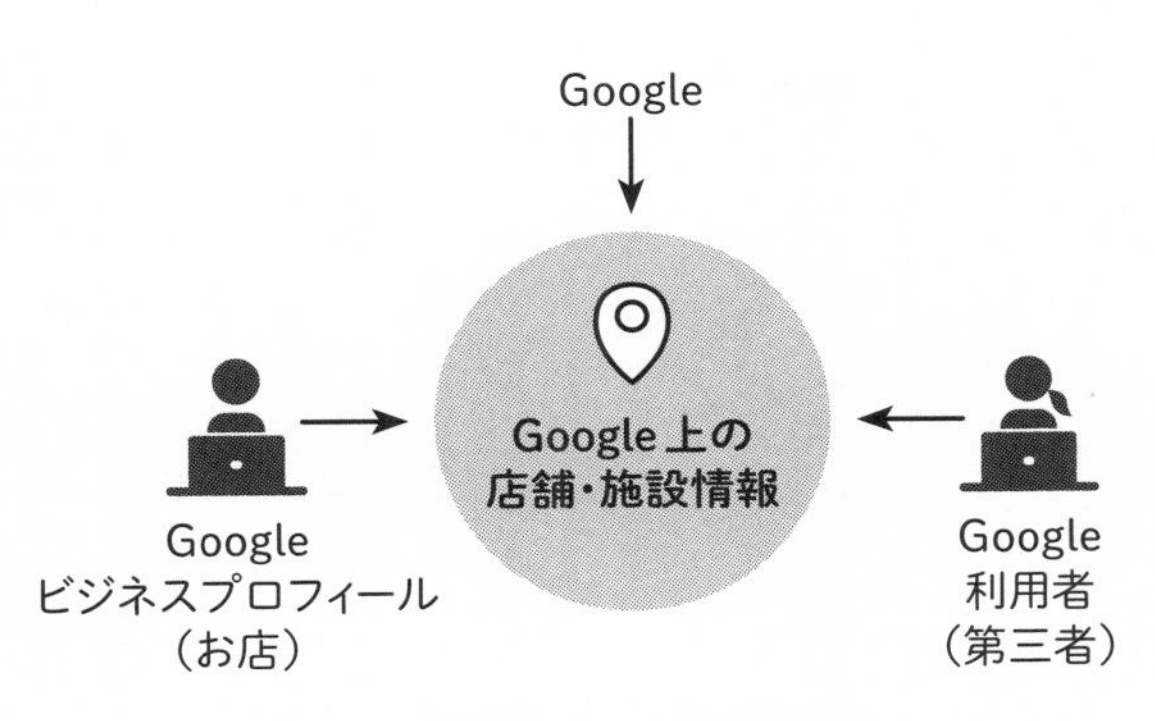

お店の情報は、店の方だけでなく、
Googleや利用者も追加や修正ができてしまいます。

で間違った情報が載ってしまうこともあるからです。

どういうことかというと、Google上の店舗・施設情報は、「Googleビジネスプロフィールを通してお店が掲載した情報だけでなく、第三者であるGoogleユーザーからの提案や、Googleがインターネット上で集めてきた情報で構成される仕組みになっています。

Googleがそれらをもとに「今掲載されている情報は間違っている・不足している」と判断したとき、第三者の修正提案やインターネット上にある情報を採用し、店舗の情報を勝手に作ったり、内容を変更したりしてしまう（！）ことがあるのです。

これはGoogleビジネスプロフィールのオーナー登録をしていても、していなくても起こり得ます。

つまり……Googleビジネスプロフィールに登録

していない場合、店主やスタッフの知らないところで勝手に店舗の情報が作られてしまいますし、登録していてもきちんとチェックしていなければ勝手に変更されてしまうこともある！ということなのです。

Googleビジネスプロフィールのオーナー登録をしていれば、優先的に情報を編集できるほか、事前に第三者からの修正提案の内容を把握したり、第三者からの修正提案を拒否したりすることもできるようになるので、こういった状況にいち早く対応できるようになります。

こうした対応をせず、Googleマップや Google検索に誤った情報が載っている状態を放置すると、集客に大きな影響を与える可能性があります。

一番イメージしやすいケースでいえば、「本当は休業しているはずなのに、なぜかGoogleマップ上では営業中になっている（あるいは、その逆）」といったケースです。そんなことある？と思うかもしれませんが、実は普通に起こってしまう事例なんです。こうなるとクレームになったり、営業しているのにお客様が来ないことにもなりかねません。

情報を放置せず、きちんと状況を把握し、Googleビジネスプロフィールで情報を管理する重要性がおわかりになったのではないでしょうか。

②店舗の最新情報が発信できる

Googleビジネスプロフィールでは、来店や利用を促すためのイベントやキャンペーン情報、クーポン、お知らせなどを投稿することができます。スマートフォンからでも手軽に投稿できるため、店舗の混雑状況や在庫状況、タイムセールの告知などをその場で発信することが可能です。

小売店なら取り扱い商品、飲食店ならメニュー、美容室やリラクゼーションサロンなどであれば施術内容といった情報を、写真や価格とともに投稿することができます。

Googleで検索して、お店の情報にたどり着いたとしても、売っている商品、提供されている料理、どんなサービスが得られるのか、どのくらいの価格なのか、こういった情報がなければ、内容も含め個性や魅力も伝わらず、閲覧者は来店する気持ちが湧かないかもしれません。

投稿機能は、店舗や施設の魅力のアピールになるのはもちろんのこと、せっかく店舗情報を見てくれたのに、やっぱりやめてしまうといった、もったいない機会損失を防ぐ役割

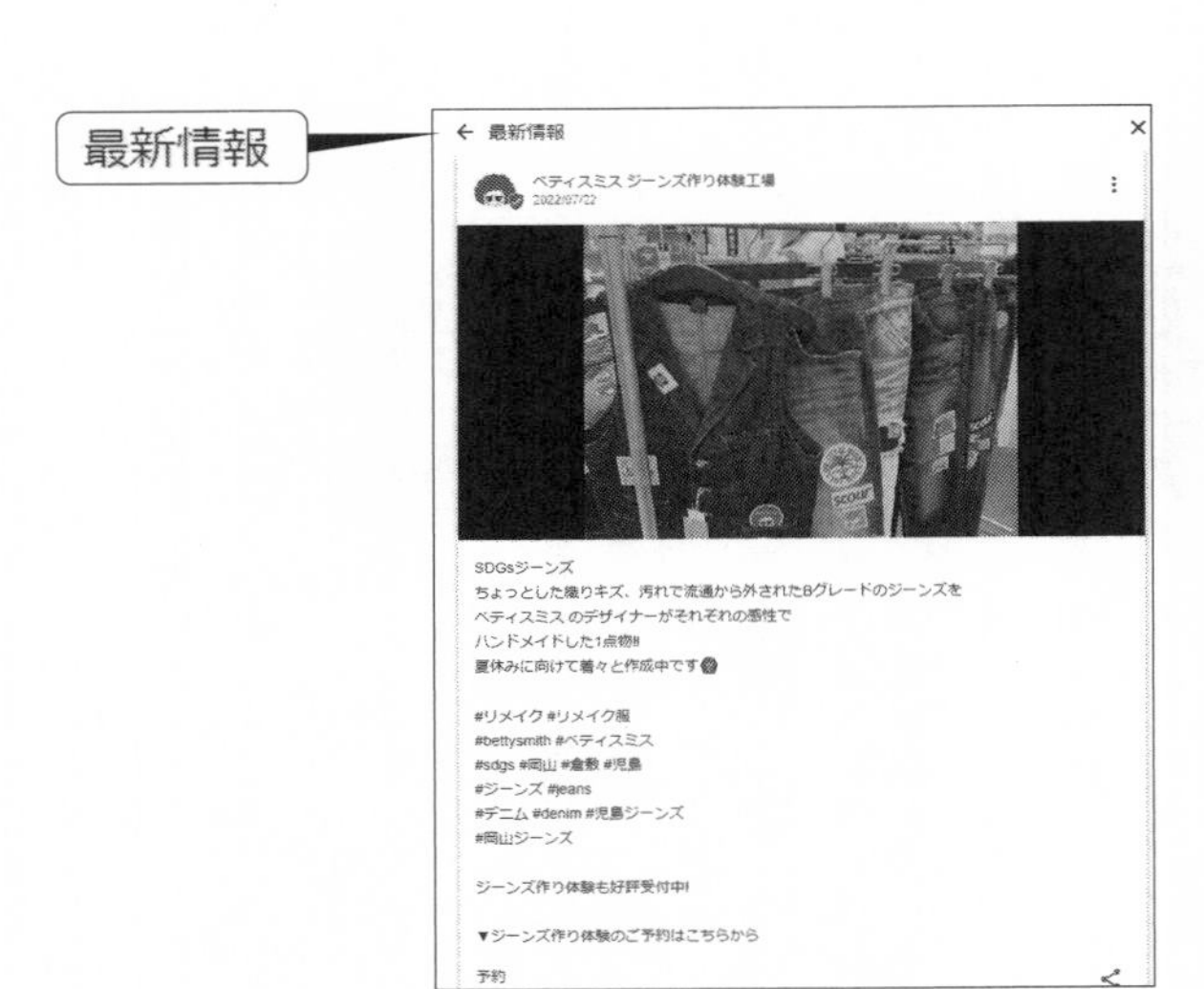

掲載された店舗情報に「最新情報」の欄があり、
そこに表示されます。

おすすめの商品を掲載し、紹介したりもできます。

おかしすき子
ローカルガイド・3 件のクチコミ・218 枚の写真
★★★★★ 1 週間前 NEW
店員の方々の対応が明るく丁寧で、
とても気持ちの良い買い物が出来ました。
お気に入りの一本も見つかり大満足です。 … もっと見る

ベティスミス ジーンズミュージアム＆ヴィレッジ（オーナー）
1 週間前
この度はベティスミスをご利用いただきまして誠にありがとうございます。
高い評価とコメントをいただき感謝いたします。お気に入りのお品がみつかったとのことで大変嬉しく思います。
国産ジーンズ発祥の地、そして発祥メーカーとして努力を重ねてまいります。
また機会がありましたら、ベティスミスへぜひお越しください。

口コミはお店を探す人にとっては重要な情報源。
返信することでさまざまなメリットが。

も果たしてくれます。

③口コミに返信できる

Google検索やGoogleマップで表示される店舗・施設情報を参考にしたことがある方ならご存知かと思いますが、Google上の店舗・施設情報には来店したお客様が口コミを投稿できる仕組みがあります。

Googleビジネスプロフィールを使えば、店舗・施設からそれらの口コミに返信できるようになります。

口コミは集客力、ひいては売上を上げるという観点で、とても重要な要素のひとつです。実際に来店・利用した人の声は、今や多くの人が参考にしている情報であるためです。読者のみなさんの中にも、良い口コミを見て、ここにしようと思ったり、一部のネガティブな口コミによって行くのをやめた経験がある方も多いのではないでしょうか。

そうした口コミの数々を放置せず、うまく対応することで、口コミを投稿した本人の再来店につなげたり、そのやりとりを見た人々にさらなる好印象を与えたりすることができます。また、逆にネガティブな口コミに含まれている誤解を解消したり、ポジティブなイメージに転換したりすることもできるでしょう。

なお口コミについては、後の章で詳しく解説します。

④アクセス解析ができる

Googleビジネスプロフィールにはアクセス解析機能が標準で用意されています。アクセス解析機能とはいっても費用や専門的な知識は必要なく、計測したデータを自動で数値化、グラフ化してくれるので、初心者でも簡単に使えます。

自分の店舗・施設に関して「どのくらいGoogleで検索されているか」「どんなふうに検索されているか」「どんな言葉で検索に引っかかっているか」などがわかります。

すでに公式ホームページなどでアクセス解析ツールを導入している方もいらっしゃると思いますが、このGoogleビジネスプロフィールではほかの解析ツールでは得られない非常に価値のある情報を無料で確認することができます。こちらも詳しくは後の章でご紹介します。

不安な方もいらっしゃると思いますが、見方さえ覚えてしまえば「なんだこんなものか！　カンタンだ！」と思ってくださると思います。

以上、Googleビジネスプロフィールの主な4つの機能をご紹介しました。第1章では、お店のマーケティングには「伝えること」「知ること」の2つが抜けがちであるとお伝えしましたが、①店舗情報の編集と②最新情報の発信は「伝えること」、④アクセス解析は「知ること」、そして③口コミ対応はその両方と、Googleビジネスプロフィールを活用するだけで、大多数のお店の仕組みに足りていない要素をしっかりとおさえることができます。そんなツールが無料で使えるというわけです。

またGoogleビジネスプロフィールは近年注目度が高まっていることもあり、Googleは毎月と言っていいほど機能の改修や新機能の追加をしています。今後もより便利になっていくことが期待できるサービスですから、活用しない手はありません。

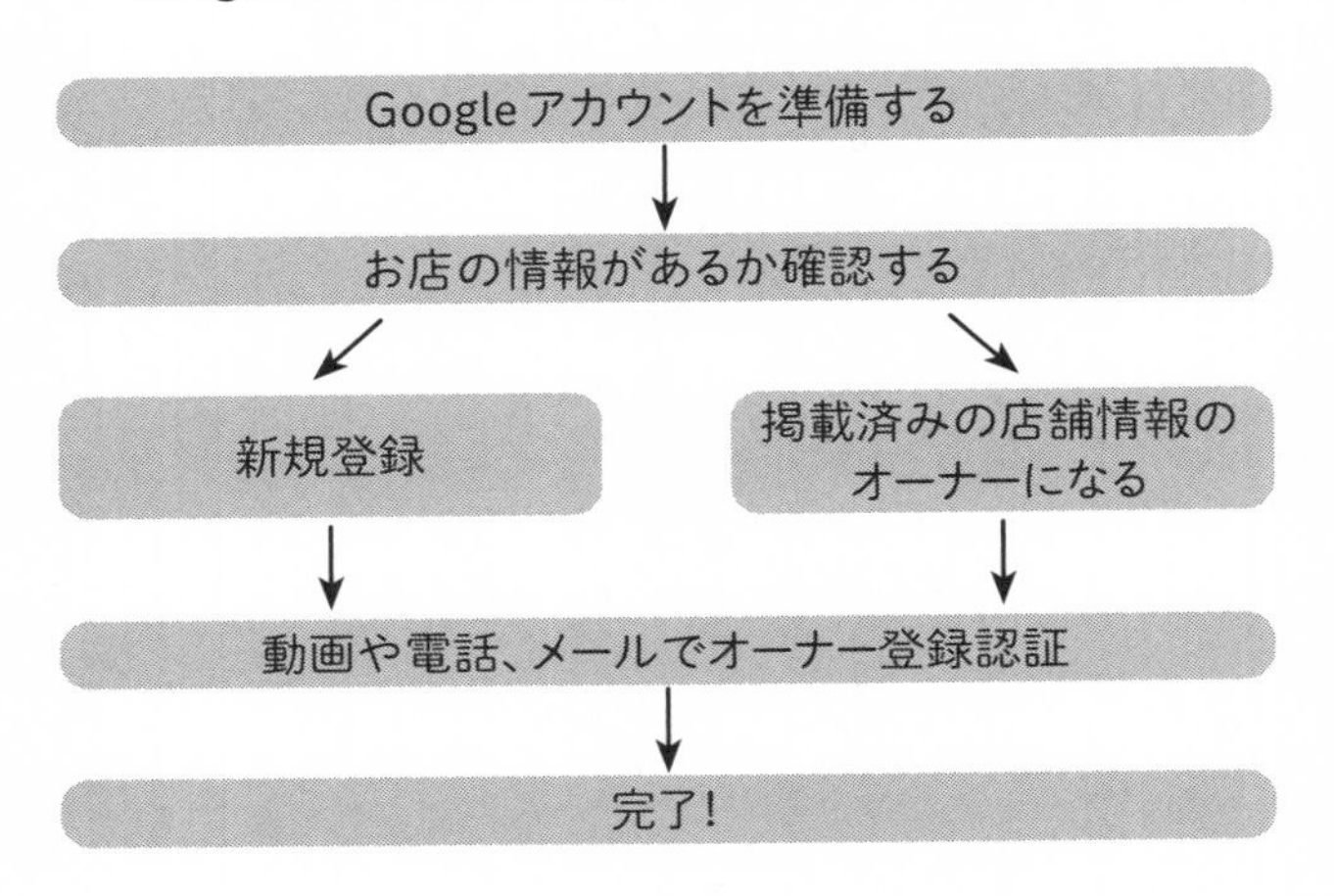

Googleビジネスプロフィールの登録方法

さあ、ここまで読み進めていただけた方なら、少なからず興味を持ってくれたと思います! それでは実際に、Googleビジネスプロフィールのオーナー登録をして活用できるようにしてみましょう。大きくは上の図のような流れとなっています。

ステップ1 Googleアカウントの取得

Googleビジネスプロフィールのオーナー登録をするにはGoogleアカウント(Google ID)が必要です。そのため、持っていない人はまずはアカウントを取得しましょう。「@gmail.com」のメールアドレスを使用して

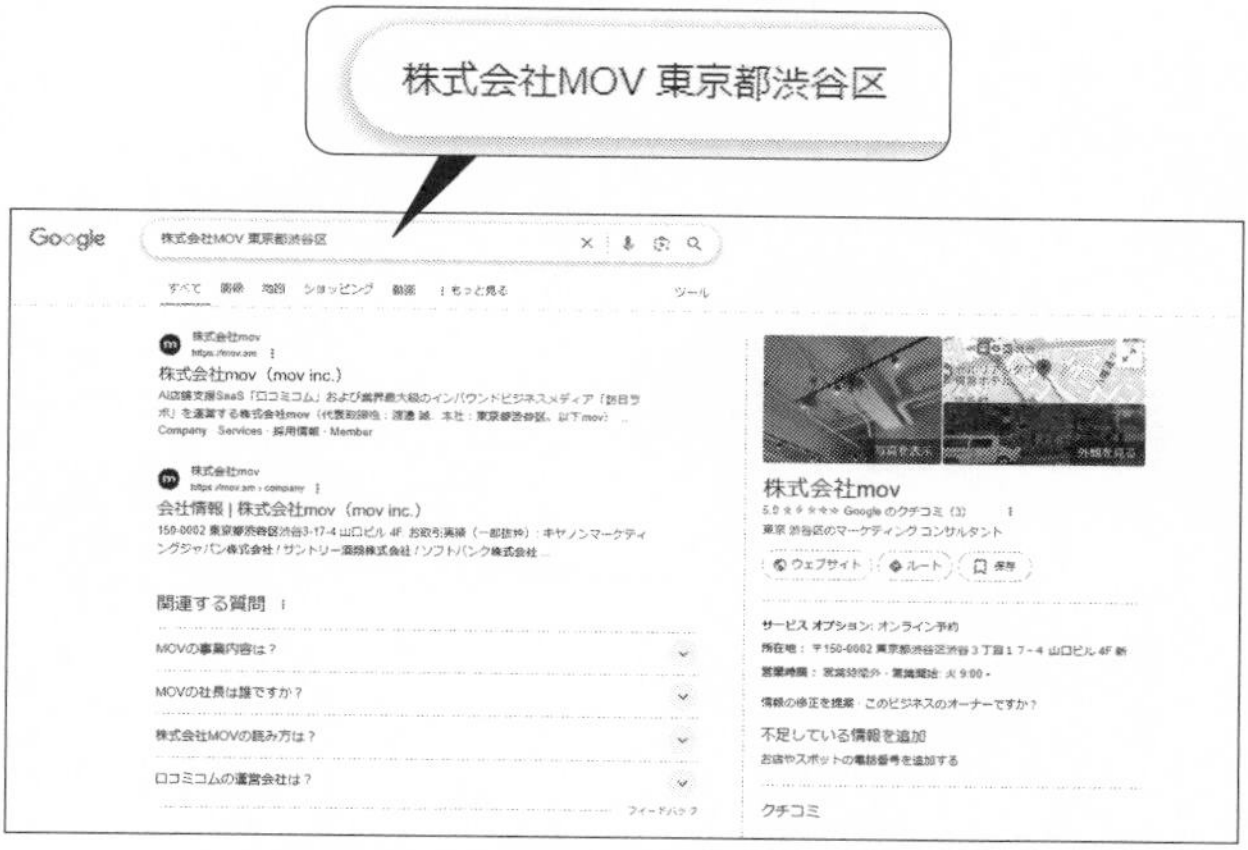
株式会社MOV 東京都渋谷区
Google
株式会社mov（mov inc.）
会社情報 | 株式会社mov（mov inc.）
関連する質問
MOVの事業内容は？
MOVの社長は誰ですか？
株式会社MOVの読み方は？
口コミコムの運営会社は？
株式会社mov
不足している情報を追加
クチコミ

「店舗名＋住所」での検索の例。

Gmailを利用されている方は、すでにそのメールアドレスでGoogleアカウントを取得されているはずなので、新規でアカウントを取得する必要はありません。

また、会社やお店のメールアドレスをGoogleアカウントとして登録することもできます。Androidスマートフォンやタブレットをお使いの店主さんは契約時などにGoogleアカウントが作成、設定されていると思いますので、これを使う方法もあります。

Googleアカウントがない場合は「Googleアカウント作成」と検索し、アカウント取得を行ってください。

ステップ2　お店の情報があるか確認

開業からの期間によりますが、すでに自動

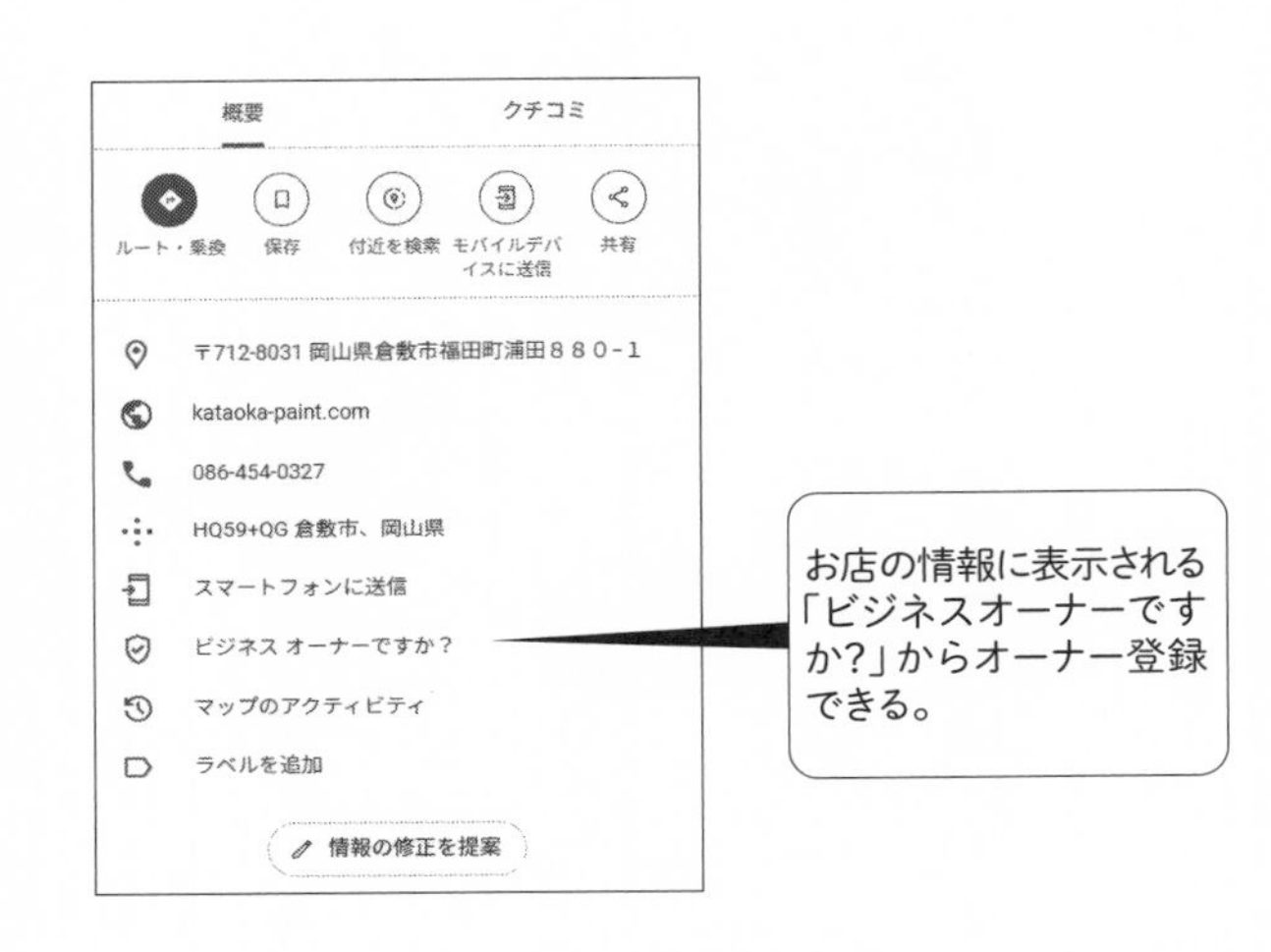

的にGoogleに掲載されている可能性があります。Google検索やGoogleマップで自分の店舗・施設の名前を検索してみましょう。店舗名で検索しても検索結果に出てこない場合は、「店舗名＋住所」で検索してみてください。

ステップ3-1　掲載済みの店舗情報のオーナーになる（検索した際に店舗情報があった場合）

すでに店舗・施設情報が存在している場合は、先ほど検索して表示された店舗・施設情報に「ビジネスオーナーですか？」の表示があれば、そちらを押してください。

この「ビジネスオーナーですか？」という表示は、すでに誰かがオーナー登録している場合など、状況によって出ないこともあるの

Google の無料の
ビジネス
プロフィールを
使ってアピール

ビジネス プロフィールを無料で作成することで、 Google
検索およびマップで検索したユーザーを新規 顧客に
変えましょう。写真、特典、投稿などで プロフィールを
パーソナライズすることが可能です。

今すぐ管理

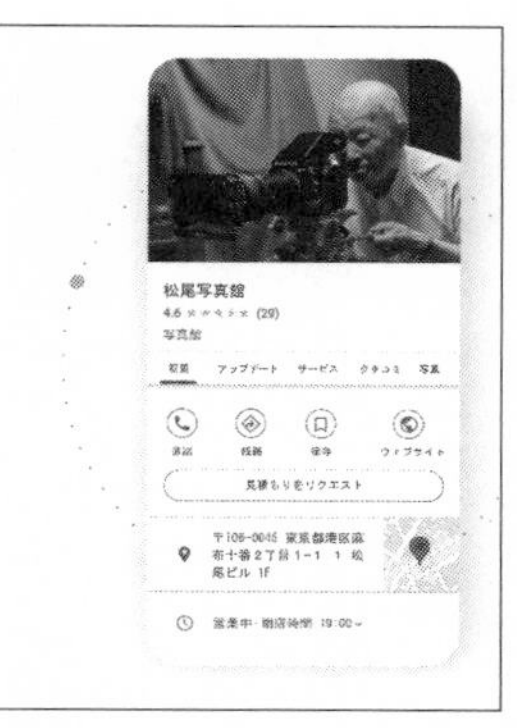

Googleビジネスプロフィールの公式サイトから
お店の情報を登録。

で、その場合にはGoogleビジネスプロフィールの公式サイトから新規登録の流れで進んでください。

「Googleビジネスプロフィール公式サイト」
https://www.google.com/intl/ja_jp/business/

検索結果に表示されていた店舗名を入力すると、「このお店ではありませんか?」と表示されるので、それを選択すれば先へ進むことができます。

その後表示される画面では「管理を開始」をクリックし、次のステップへ進みます。

オーナーの確認方法を選択。
現在は動画撮影が主流です。

ステップ3-2 新規登録（店舗情報がない場合）

お店がGoogleの検索結果やGoogleマップに表示されなければ、新規で登録しましょう。「Googleビジネスプロフィール」と検索し、表示されたページで「今すぐ管理」をクリックします。

ログインしていない場合にはログイン画面が表示されるため、Google IDとパスワードを入力してログインしましょう。

はじめての登録の場合には、ビジネス名、住所、カテゴリ（業種）などを指示に従って入力し、ステップ4へ進みます。

ステップ4 オーナー確認

動画撮影を選択した場合の画面。

ステップ3の入力が完了したあとに表示される「確認方法をお選びください」の画面では、電話、メール、動画、ビデオ通話の中からオーナー確認の方法を選びます。

ただし、必ずご希望のオーナー確認方法が表示されるとは限りません。特に独自ドメインのホームページを事前にオープンさせているとか、支店オープンなどではない限り、ほとんどの場合、現在の主流は動画撮影になっており、基本的に動画での撮影になると思ってください。

電話が選択できた場合で、「電話」を選ぶと、数秒後に自動音声の電話がかかってきます。確認コードが読み上げられるので、それをメモし、入力欄に入力して送信すれば、登

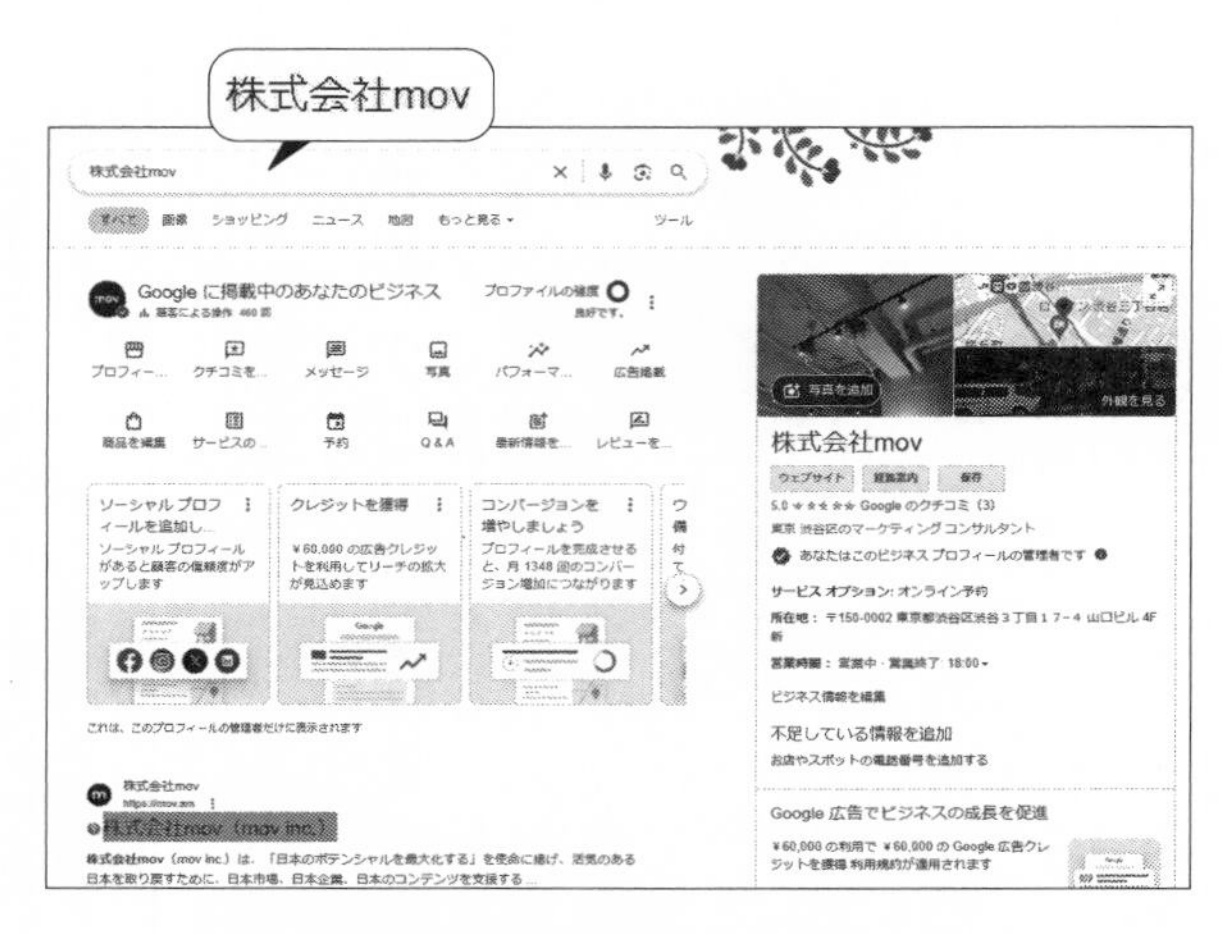

PCの検索結果が表示された管理画面。
PCの管理画面は、Googleでお店の名前を検索します。

録完了です。「メール」の場合も同様、メールに届く確認コードを欄に入力して送信すれば、登録完了となります。

ちなみに海外からの電話になるので、フリーダイヤルやナビダイヤルだった場合には選択肢に出ても、この方法は使えません。

動画で認証する場合は、オーナー確認の画面で「動画を撮影」へ進み、「録画を開始」へ。現在地、店舗や設備、看板など、ビジネスが運営されていることを証明するものをひとつの動画で撮影します。撮影後は「録画を停止」をクリックし、動画がアップロードされたらGoogleの審査を待ち、問題なければ数日でオーナー登録が完了します。

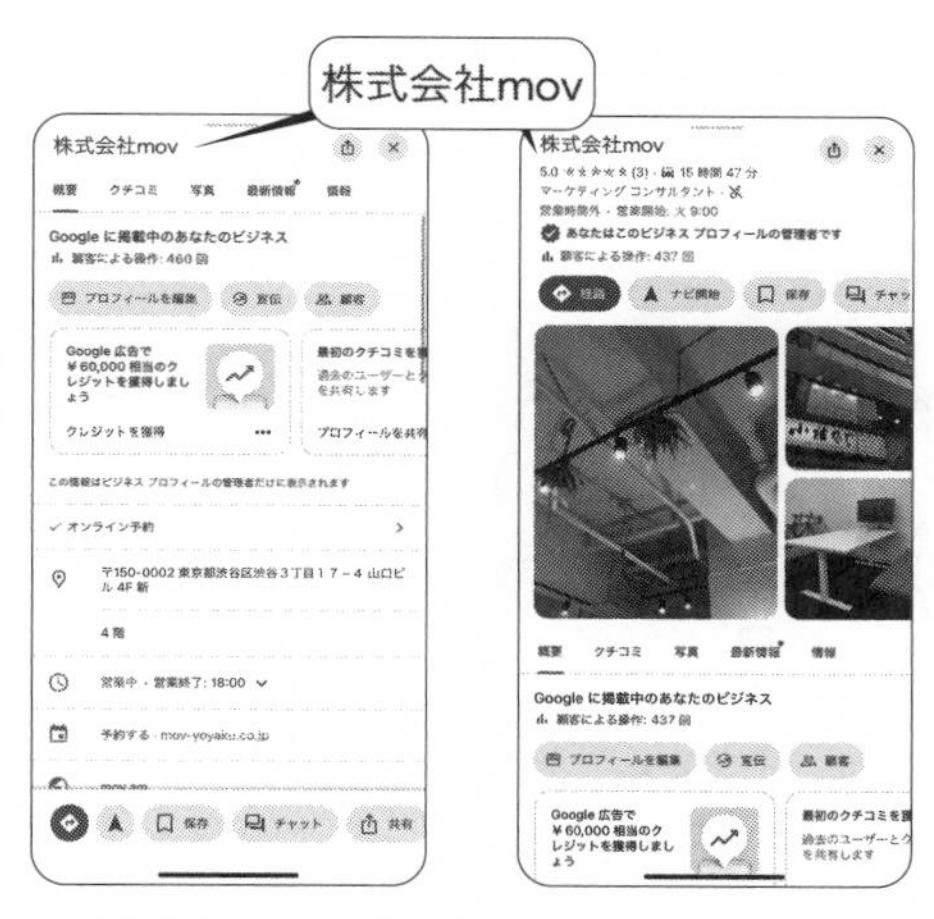

スマートフォンの管理画面。Google検索（左）でもマップアプリ（右）でも、どちらでも管理可能です。

Googleビジネスプロフィールの管理画面を見てみよう

Googleビジネスプロフィールに登録できたところで、次は管理画面の使い方を見ていきましょう。

Googleビジネスプロフィールの管理画面は、Google検索の検索結果と、Googleマップアプリから見ることができます（旧Googleマイビジネスのモバイルアプリは公開が終了し、Googleマップのアプリに機能が統合されています）。

管理画面を表示させるには、オーナーとして登録されているGoogleアカウントにログインしている状態で、自分の店舗・施設の名前をGoogleで検索するか、Google検索で「マイビジネス」と検索すると表示されます。

どちらの管理画面でも使える機能はほとんど変わりません。ただ、細かい部分に関してはパソコンなのかスマートフォンなのかで異なる場合があり、同じスマートフォン版でもiPhoneとAndroidでは画面の見え方が異なることもあります。本書では、最初に紹介したGoogleの検索結果に表示される管理画面を使うことを前提に説明していきます。

ではいよいよ、ここから具体的な使い方を解説していきます。ぜひご自身の管理画面を見ながら、場合によっては実際に操作しながら、読み進めてみてください。

Googleビジネスプロフィールで店舗情報を整えよう

第1章でお伝えした通り、「Googleマップなど Googleのサービスにお店の情報が掲載されていれば、ある程度の人に見てもらえます。そういう意味では、お店の情報を正しく、抜け漏れなく設定しておくだけでも集客の基本的な効果が見込めるので、まずは店舗・施設の情報を整えることからはじめましょう。

それでは、Googleビジネスプロフィールに登録したら最初に確認しておきたいポイントをご紹介します。
※なお、Googleのガイドラインは定期的に変更されています。最新のガイドラインやヘルプページを確認しながら編集してください。

▼ビジネス名

お店の名前、屋号でもある「ビジネス名」は、非常に重要な要素のひとつです。

検索結果には次ページの写真のように表示されるのですが、見ての通り最初に目に入る情報であり、きちんと整えておく必要があります。

あとで詳しく解説しますが、Googleの検索システムにも影響するので注意してください。

この「ビジネス名」は、Googleのガイドラインで「お店や施設の看板に書かれている正式名称」などと定められています。ですので、看板にある正式名称を記載してください。

Googleマップでいろいろなお店を見ていると、「24時まで営業」「新規さま大歓迎」と

ビジネス名は重要な要素。

いった、お店の名前ではない語句を追加して入れているお店があるかもしれません。

これ、「目立つし良さそう！」と思ったとしても真似しないでください。ガイドライン違反なので、ある日突然、情報が公開停止になってしまいます。

また、検索対策だ！と、店舗に関連のあるキーワードをビジネス名に入れる方もいらっしゃいますが、これもガイドライン違反である上に、さらにデメリットとして「正式名称をGoogleがきちんと把握できなくなる」という問題が発生します。

ここから先はどういう理屈なのかを紹介しますので、看板に書かれている通りに設定するよ！　詳しい話は大丈夫！　という方は読み飛ばして、次のカテゴリの項目をご覧ください（笑）。

さて、どういう仕組みかというと、Googleの検索システムは、どの程度「指名検索（店舗や施設の名称で検索されること）」されているかという「知名度」の要素を評価基準に含めています。お店の名前でたくさん検索されているのであれば、すでにある程度検索する人に名前を覚えてもらえていて、知名度があるお店だろう、とGoogleは判断しているわけです。

しかしたとえば、「居酒屋ながやま 深夜営業／個室／飲み放題／新規さま歓迎！」といった具合に店舗名以外のキーワードを入れていると、どの部分がお店の正式名称なのかがわかりづらく、「ながやま」と検索されたとしても、Googleのシステムが指名検索と認識しなくなる、という問題が生じます。

するとGoogleは、お店の知名度を実際よりも低く認識してしまうことになるので、検索結果での表示に悪影響を及ぼす（表示順位が下がったり、表示されなくなったりする）可能性があります。

そもそもガイドライン違反の行為なのでやってはいけませんし、検索対策という意味でもデメリットが大き過ぎるのです。

ほかにやりがちな間違いとして、読み仮名や別称をかっこ記号（）で追記している場合がよくみられます。たとえば、「Cafe Nagayama（カフェ　ナガヤマ）」といった具合です。しかし、看板に書いていないのであればガイドライン的にNGですし、（）付きで検索する人はいないので指名検索の認識にも問題が生じる可能性があることから、（）は使わずに表現することをおすすめします。そのほかの記号や、絵文字などにも注意してください。

▼カテゴリ

次は「カテゴリ」の設定です。カテゴリとは、いわゆる業種のことです。

この機能では、店舗のメインの業種をひとつ、追加の業種を9つまで設定できます。設定する際、何か言葉を入力すると、Googleが候補を表示してくれ、その中から選ぶことになります。

検索結果上ではメインカテゴリを中心に、検索語句に合わせてどれかひとつが表示され、検索した人に店舗の業種・特徴をわかりやすく伝えられるようになっています。

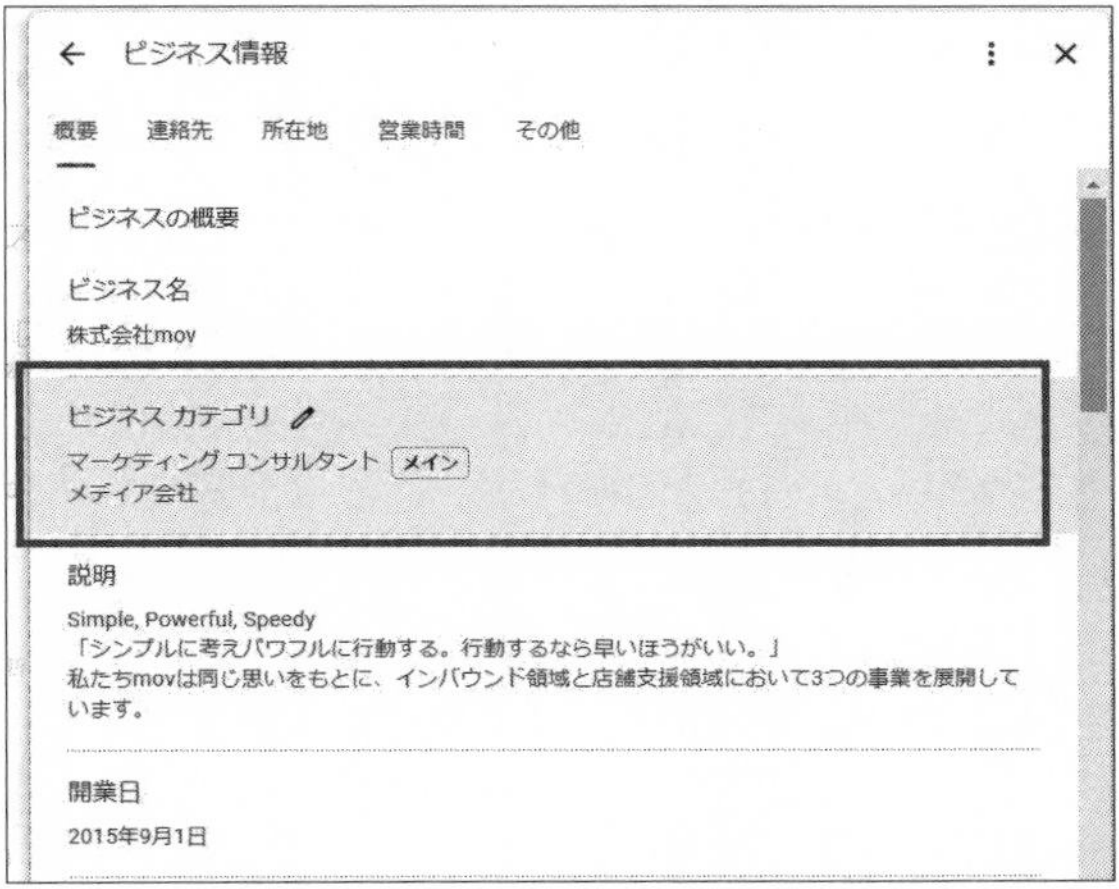

← ビジネス情報

概要 連絡先 所在地 営業時間 その他

ビジネスの概要

ビジネス名

株式会社mov

ビジネス カテゴリ

マーケティング コンサルタント メイン

メディア会社

説明

Simple, Powerful, Speedy

「シンプルに考えパワフルに行動する。行動するなら早いほうがいい。」

私たちmovは同じ思いをもとに、インバウンド領域と店舗支援領域において3つの事業を展開しています。

開業日

2015年9月1日

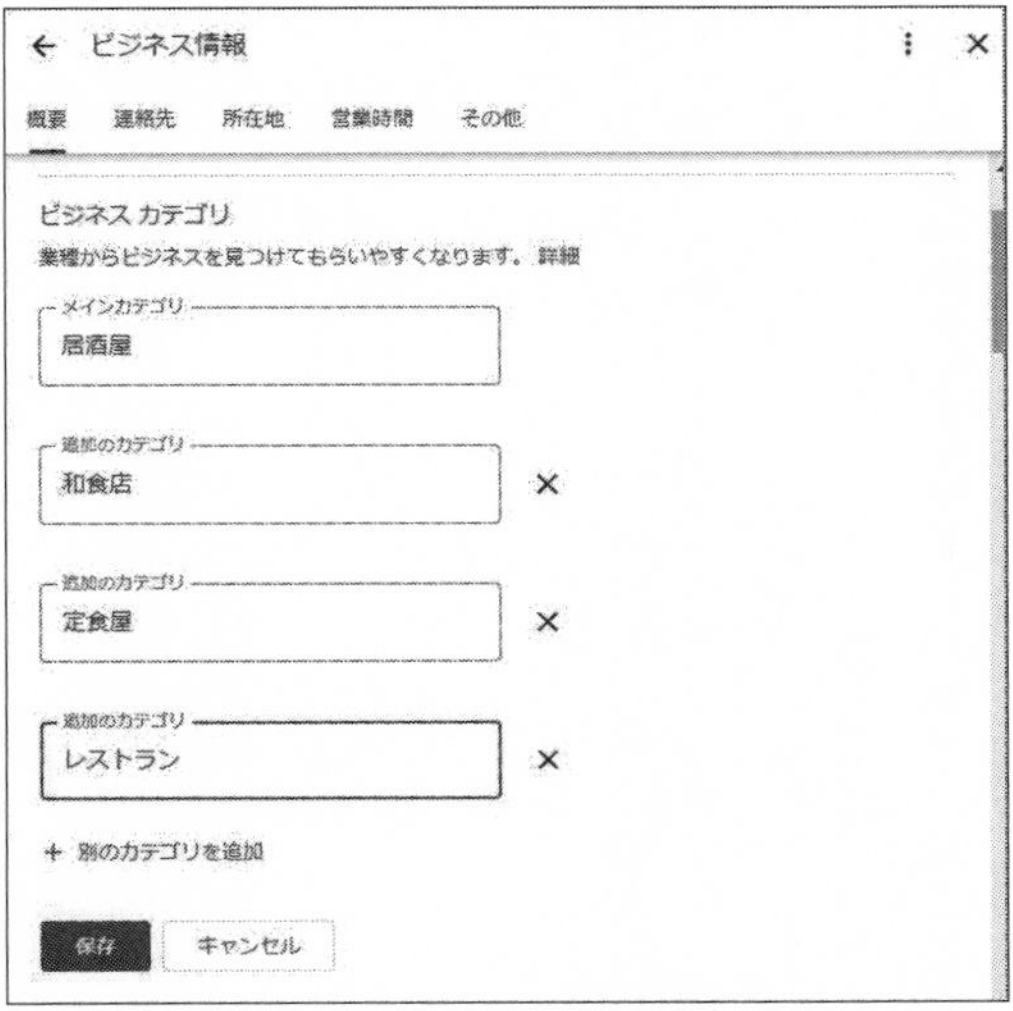

← ビジネス情報

概要 連絡先 所在地 営業時間 その他

ビジネス カテゴリ

業種からビジネスを見つけてもらいやすくなります。詳細

メインカテゴリ

居酒屋

追加のカテゴリ

和食店

追加のカテゴリ

定食屋

追加のカテゴリ

レストラン

＋ 別のカテゴリを追加

保存 キャンセル

カテゴリ（業種）設定は「プロフィールの編集」から。

基本的にはメインカテゴリが表示されることが多いので、追加のカテゴリには一見どういう意味があるのかわかりづらいかもしれませんが、Googleに店舗の業種を正しく認識させるという意味でとても重要な役割を持っています。

たとえば中華料理屋でもあるし、ラーメン屋でもあるようなお店は、どちらかをメインカテゴリにして、追加でもうひとつを設定しておくと、どちらも検索に引っかかってくれる可能性が高まる、ということです。

ただし、欲張って関係のないカテゴリまで設定するのは避けましょう。意味のない設定をしても効果につながらなかったり、悪影響を及ぼすこともあります。極端な例ですが、「ラーメン」と検索したときに出てきた店舗情報が、実は「美容室」だったとしたら、その美容室は行きたいお店の候補に入りますか？　入りませんよね。そのカテゴリの設定は意味がありませんし、Googleに通報されたり情報修正提案される原因になってしまいます。

また、関係のないカテゴリを設定するもうひとつのリスクとして、カテゴリごとに機能の有無や内容が少しずつ違うというものがあります。

たとえば「酒屋」と設定すると投稿機能が使えなくなってしまったり、宿泊関係のカテゴリを設定するとGoogle検索での表示が宿泊施設向けの仕様になったりします。飲食店や小売店、サービス業などもそれぞれ使える機能が異なりますので、設定の際には注意してください。

▼住所

次に住所です。住所というと「ただ住所を入力すればいいんでしょ?」と思われるかもしれませんが、こちらも意外と見落としがあったりするので、ぜひ確認してください。

住所関連の機能では、店舗・施設の住所と、マップ上でお店の位置を示す「マーカー(ピン)」、そして配達や訪問サービスなどを提供する場合の「サービス提供地域」の設定機能があります。

まずは住所入力時のポイントです。

基本的には住所をそのまま入力すれば問題ありませんが、特殊な表記の住所に関しては注意が必要です。たとえば「字(あざ)」「大字(おおあざ)」といった表現や、京都の住所にある「上る」「下る」のような表記です。Googleのデータベース上にない表記もあり、そのまま住所を登録してしまうと「存在しない住所」と判定されてしまい、さまざまな悪影響が生じる恐れがあります。Googleマップで周辺の住所がどう表示されているのか、参考にしながら設定すると確実でしょう。

また、住所には宣伝文句などのキーワードを入れてはいけません。これもビジネス名と一緒で、Googleが正しい住所を判断できなくなるほか、違反行為としてGoogleビジネスプロフィールが停止される可能性があります。

続いて、マーカーを設定する際のポイントです。住所を設定したあと、この部分を見ない方も多いのですが、必ずチェックしてください。マーカーの位置の座標によっては、ナビでお店の裏口に案内されるなど、利用者にとって使いづらい案内をされてしまうことになります。

実際に駅などから店舗までの経路検索をしてみて、わかりやすいルートが表示されるか確かめてみましょう。特に、もし裏口へ案内されてしまっているようであれば、マーカーを「店舗の中央、かつ表の道側に寄せる」ように配置すると、裏道を通らずに誘導できるようになりますので、試してみてください。

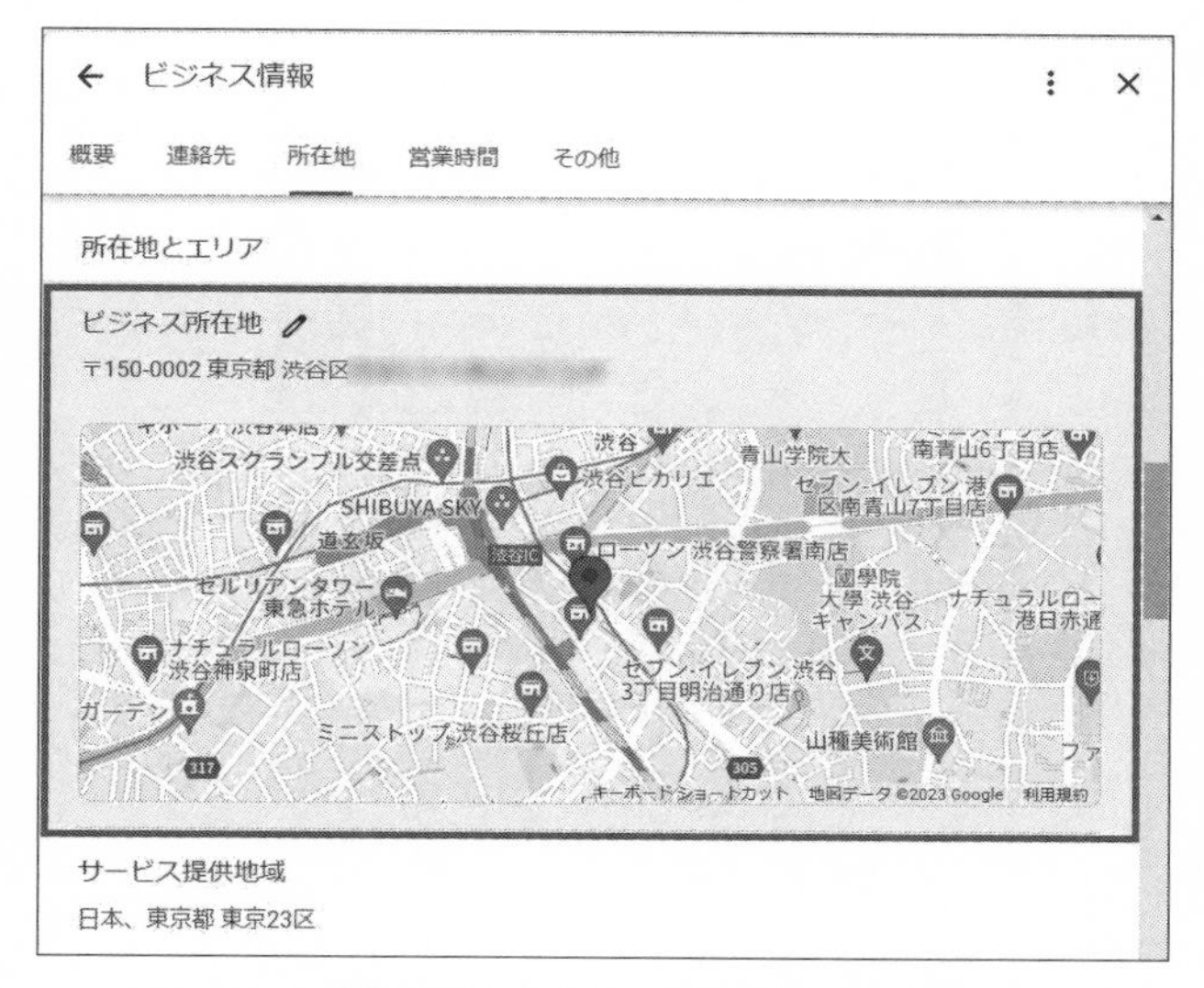

マーカーの位置をきちんとチェック。ズレていると……。

経路検索で裏道に案内されてしまうといったことも。

Googleのガイドラインでは「店舗の中央」にマーカーを置くように書かれています。そのため、中央と呼べないレベルでマーカーを移動させないように注意してください。

最後に「サービス提供地域」についてです。

店舗営業以外に配達や出張型のサービスも手掛ける店舗の場合は、通常の住所の設定に加えて、このサービス提供地域も設定することになります。

サービス提供地域は20か所までで、お店から車で2時間程度の範囲に収めるようにするルールがあるのでご注意ください。

欲張ってサービス提供地域「日本」と設定すると、検索などへの効果は逆効果で、むしろ公開停止される理由になりますのでご注意ください。

また、店舗を持たない訪問型のビジネスの場合でも、条件がそろえば「非店舗登録」という形で登録することができます（ネットビジネスは対象外なので注意）。この場合、原則「サービス提供地域」の設定のみで、住所の設定はしないようにしてください。特定の住所がないにもかかわらず住所の設定を行うことはガイドライン違反となります。

訪問や配達を行う場合は「サービス提供地域」の設定を忘れずに。

▼営業時間

営業時間や定休日などが設定できます。

営業時間は実態より短く設定されていると機会損失になりますし、そもそも間違っていると大変なので、しっかりと見直しておきましょう。

昼営業と夜営業の間に休憩を挟む場合は、1日に複数の営業時間を追加できます。

深夜営業のお店はちょっと面倒なのですが、日をまたぐ設定ができる機能はなく、たとえば「26時まで営業」といった設定ができません。そのため、次の曜日の0：00～2：00も設定することになります。

通常営業時間の設定。

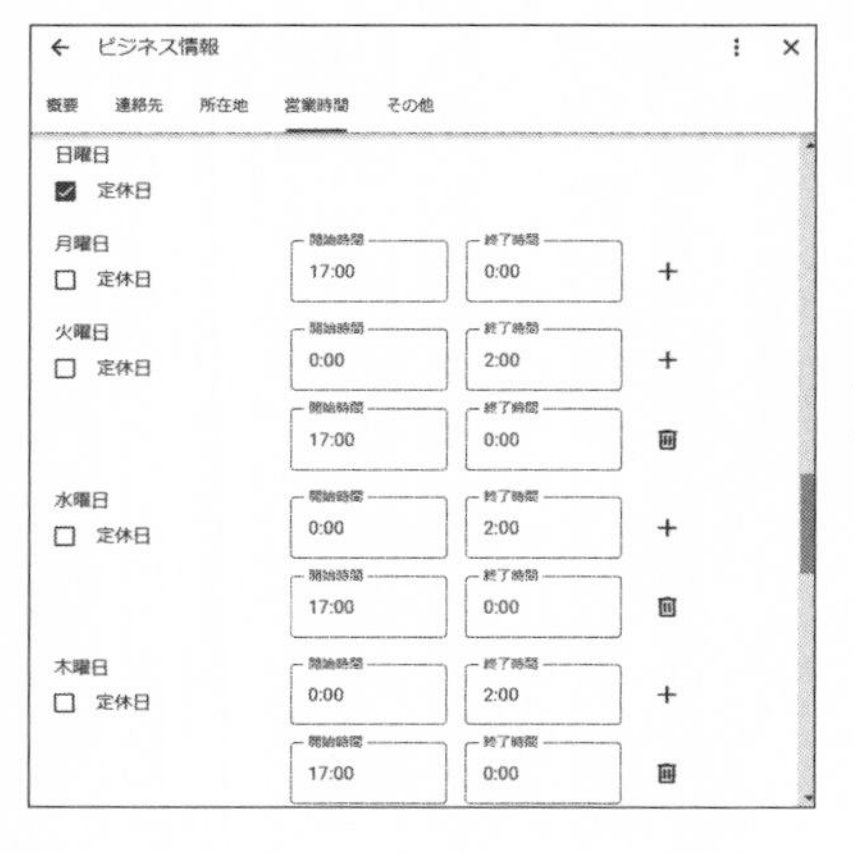

深夜営業の場合は
設定する際に注意。

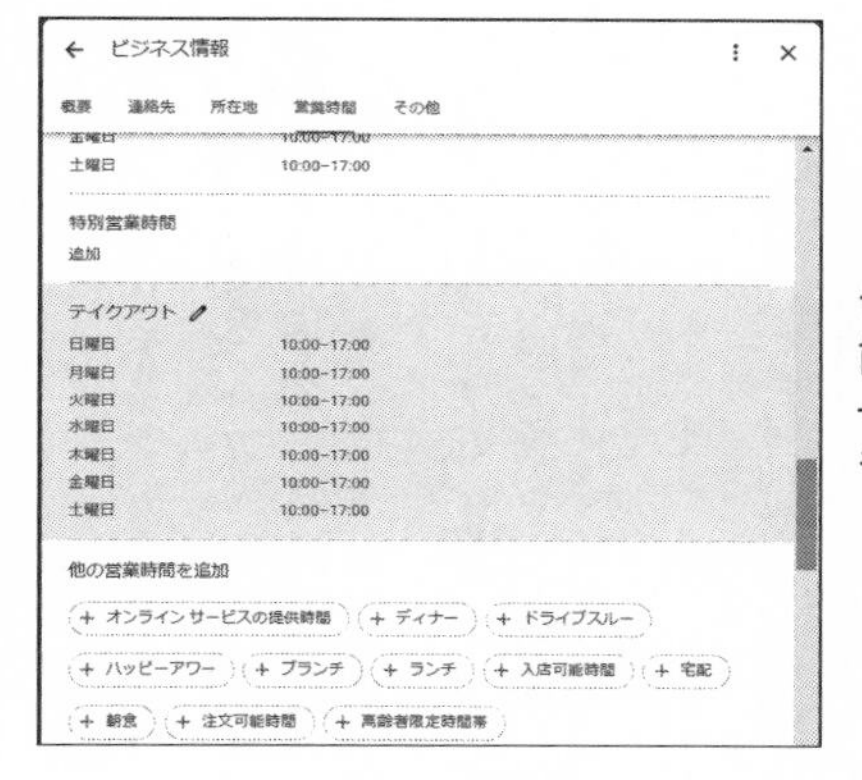

テイクアウトや注文可能時間（ラストオーダー）を個別設定することもできます。

ビジネス情報
概要　連絡先　所在地　営業時間　その他
金曜日　9:00–15:00
土曜日　定休日
特別営業時間
祝休日の営業時間を追加して、お店のオープン時間をユーザーに知らせましょう。 詳細
海の日（振替休日）　開始時間 9:00　終了時間 18:00
2024/07/15
休業
＋ 日付を追加
保存　キャンセル

祝日の営業時間や臨時休業や営業時間変更はここで。

営業時間：	水曜日	9時00分～18時00分
	木曜日	9時00分～18時00分
	金曜日	9時00分～18時00分
	土曜日	定休日
	日曜日	定休日
	月曜日	9時00分～18時00分
	(海の日（振替休日）)	時間変更の可能性
	火曜日	9時00分～18時00分
	新しい営業時間を提案	

検索結果に表示された「時間変更の可能性」の表示。

また、もしテイクアウトやデリバリーなどのサービスを提供している場合や、細かい時間設定を表示させたい場合は、「営業時間の詳細」という別の設定ができるので、対応可能時間を設定すると良いでしょう。

定休日に関しては、曜日ごとに設定するのが前提となっています。

ただし、隔週定休や、「第3土曜日」のような定休日を設けているお店もあると思います。実は通常の営業時間設定では、このような設定はできないのです。

この場合は、「特別営業時間」という機能を活用しましょう。

こちらは隔週や第3土曜日といった休みのほか、不定休、祝日の休み、台風などによる不意の休みなど、通常とは異なる営業時間・休業日を設定したい場合に利用できます。

特に祝日に関しては、「通常通りの営業だとしても特別営業時間に登録しておく」ことをおすすめします。

というのも、設定していない場合に、祝日や年末年始、大型連休などでは67ページ下の画像のように「時間変更の可能性」と表示されてしまう仕様になっているからです。

特別営業時間に設定しておけばこの文言は表示されませんので、営業時間に関する問い合わせを減らしたり、お客様が来店をやめるのを防いだりすることにつながります。

▼電話番号

電話番号設定のポイントは、公式ホームページに記載している電話番号とそろえることです。Googleは店舗の公式ホームページとGoogleビジネスプロフィールとを紐付けて認識しているため、たとえば公式ホームページの電話番号が違っていると、Googleがホームページ側を参照し、Googleビジネスプロフィール側の電話番号を書き換えてしまう場合があるのです。

またほかにも、情報がそろっていないとGoogleから違う店舗と判断されてしまう原因にもなります。こうなると、インターネット上にあなたのお店の情報がいろいろあったとしても、それがGoogleビジネスプロフィールの店舗情報に結びつかず、検索結果に不利益が生じる可能性もあります。

いわゆる「Googleがあなたのお店の情報かどうか判断できない理由になってしまう」のです。こういったお店の基本情報が統一されているかどうか、今一度確認しておきまし

電話番号の設定や修正はここで。

よう。

もしお店に電話番号が2つ存在する場合や、公式ホームページに電話番号を2つ掲載している場合は、「Googleビジネスプロフィールで「第2の電話番号」を追加しましょう。第2の番号は、現在の仕様では設定したとしても検索結果の店舗情報には表示されません。しかしながら設定しておくことで電話番号をGoogleによって修正されるリスクが減らせます。

▼ウェブサイト

次にウェブサイトです。ここには公式ホームページを設定します。

チェーン店の場合は、店舗ごとのページでもかまいません。ただし店舗ごとのページの情報

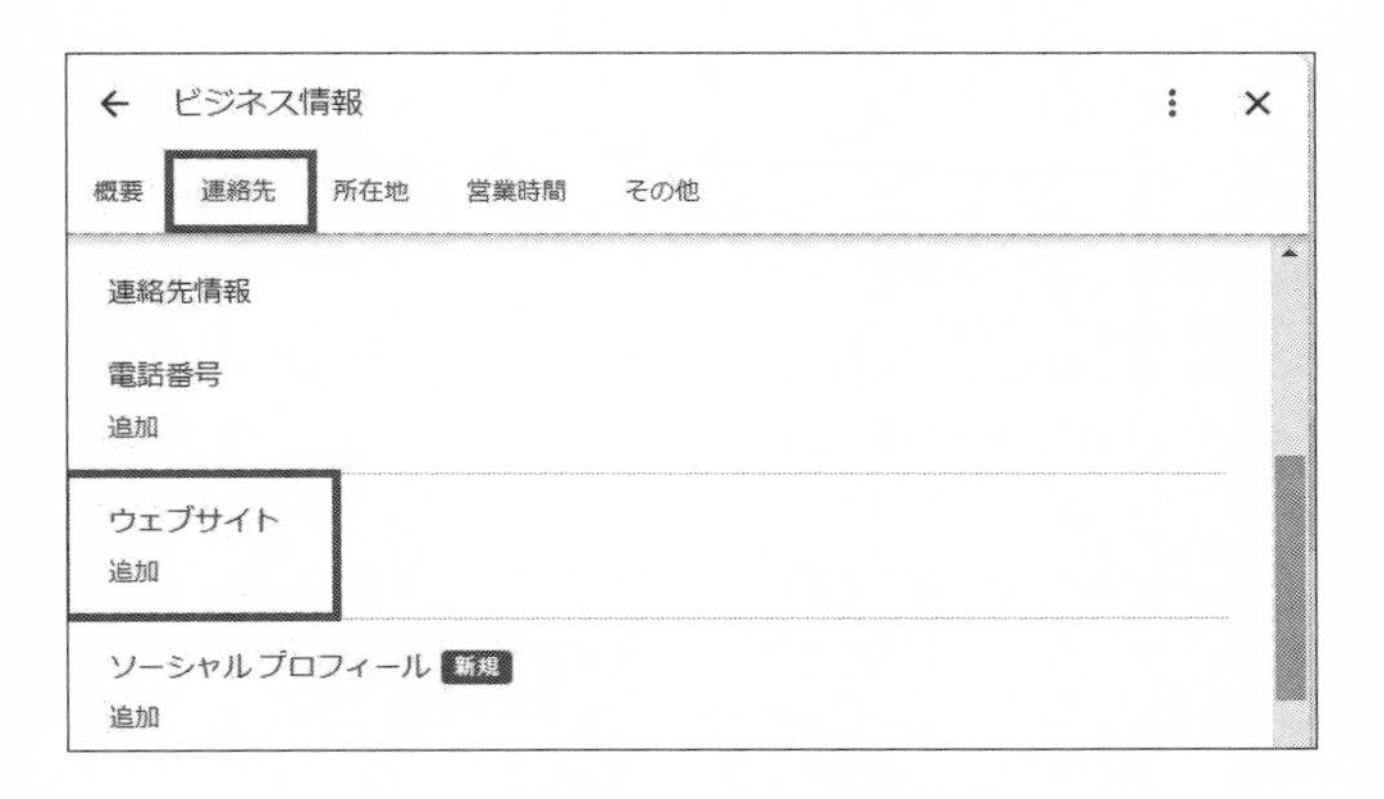

忘れずに公式ホームページを設定！
SNSはすぐ下の「ソーシャルプロフィール」に追加を。

が薄く参考になりそうにない場合は、より情報が豊かなトップページなどにしたほうが、利用者にとっても多くの情報を得られますし、検索対策としても無難です。どこのページにするかは慎重に考えてください。

ホームページがないお店もあると思いますが、直近のガイドライン改訂で、Facebook や X（旧Twitter）、LINEなどのSNSアカウントのURL設定は一律でNGとなりました。「ソーシャルプロフィール」という項目が作られましたので、そちらで設定するようにしてください。

また、異なるURLに自動で飛ばす「リダイレクト」の設定がされたサイトのURLも、別のビジネスやサービスへ誘導していると認識さ

属性の設定は「プロフィールの編集の編集」の中の
「その他」タブで設定できます。

れてしまい、違反として判定されてしまいます。

いずれもGoogleビジネスプロフィールの公開停止の可能性があるため、注意しましょう。

▼属性

「属性」は、テイクアウト、デリバリー、バリアフリーなど、さまざまな項目への対応の有無を表示する機能です。

ほかにもたくさんの設定項目がありますので、対応の有無をきちんと設定しておくことで、店舗の基本的な情報をお客様へ手軽かつ効果的に伝えられます。

加えて、一部の属性情報は、検索結果で優先的に表示されやすくなるメリットもあります。たとえばテイクアウトの属性を「はい」に設定しておけば、「テイクアウト」や「持ち帰り」などと検索された際に表示されやすくなります。忘れずに設定してください。

ちなみに、属性として設定できる項目やその数は、業種カテゴリの設定によって変わります。特に宿泊業は、多くの種類の属性が用意されています。

業種カテゴリを見直すことで、属性でより良いアピールができるようになることもあるため、やはり業種カテゴリを適切に設定することがとても重要です。

▼ビジネスの説明文(ビジネス情報)

環境によっては表示されないこともありますが、検索結果で出た店舗情報に表示されるのが「ビジネスの説明文（ビジネス情報）」です。

店舗の特徴や魅力、営業状況などを伝えられる項目となっています。

特に、営業内容がわかりづらいお店や、お店のシステムを事前に知っておいてほしい場合、定休日など営業ルールがわかりづらい場合もここに記載しておくと良いですね。

「ビジネスの説明文」は、ビジネスプロフィールでしか設定できない部分のひとつ。ぜひ設定を！

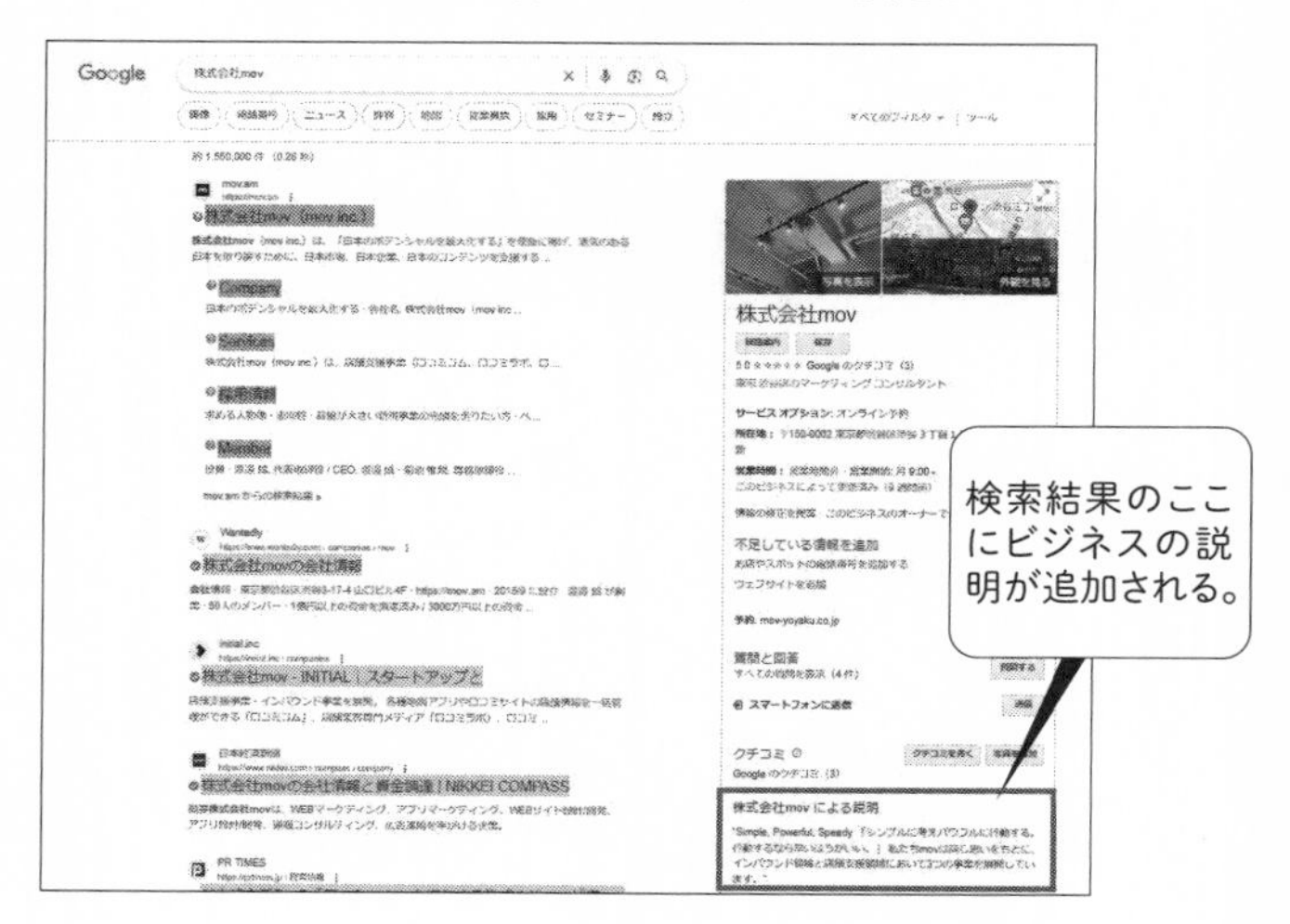

▼投稿

「投稿」は、店舗情報を見ている方にお店からさまざまな情報をアピールできる機能です。「最新情報」「イベント」「特典（クーポン）」の3種類があります。

「最新情報」は、文章や画像を使って、最新のお知らせやおすすめの商品・メニューなどを比較的自由に投稿できます。

「イベント」はその名の通りイベントを設定できるもので、日付や時間を設定でき、日付順に並んで表示されます。

「特典（クーポン）」は特典の情報を設定でき、利用期間や関連リンクなどを設定できます。

これらの3種類の投稿は、先ほどの「ビジネスの説明文」と同様、Googleビジネスプロフィールでしか編集できない機能で、第三者によって情報を書き換えられることはありません。

集客につなげるために、ぜひ有効活用したい機能のひとつです。

管理画面の「最新情報を…」のボタンを押すと下の画面に移る。

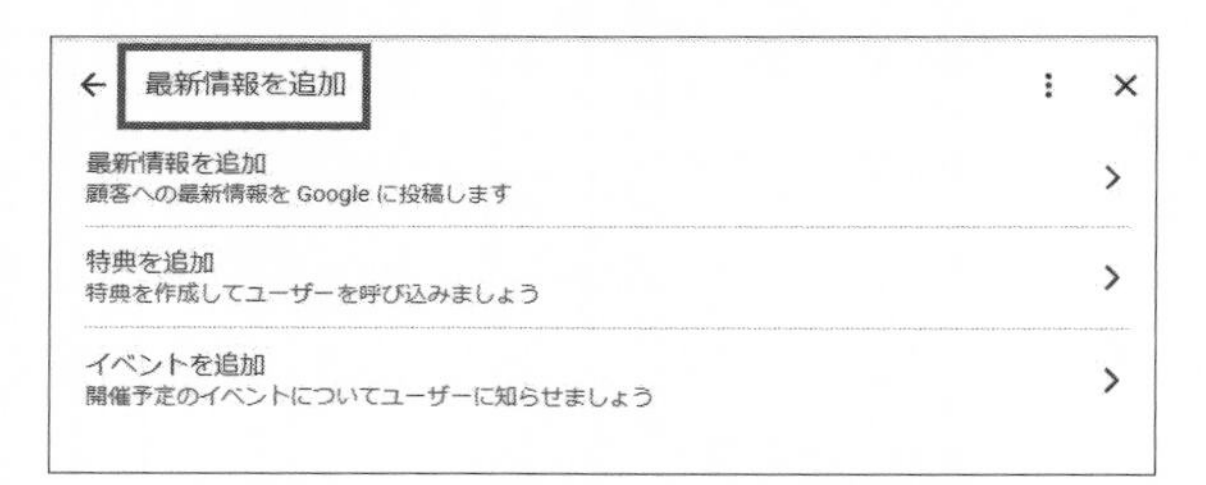

商品紹介や特典、イベントなど、さまざまな情報発信が可能です。

イベントや特典専用の投稿機能。うまく使って宣伝しましょう。

いま一番知らせたい情報を書き、お店を探している人に魅力を伝えられます。

ただし、同じテキストの投稿や、画像を使いまわした投稿などは、スパムと判定されて投稿が拒否されたり、削除されてしまったりすることがあります。定期的に投稿する場合も、同じ内容のものを投稿し続けるのは避けましょう。

とはいえ、こういうお店だよ！　おすすめはコレ！　といった基本的な宣伝は、以前と同じでもたまには載せたいですよね。その場合には、完全にコピー&ペーストするのではなく、文章表現を変えたり、季節感を加えたり。写真も同じ被写体でもあらかじめ数パターンを撮影しておくなど工夫すると、いろいろな角度から魅力を伝えることもできるので、良いでしょう。

また、この投稿欄は、文章や写真が適切な内容かどうかをGoogleが審査します。たとえば、酒類やタバコなどが主役になる投稿はガイドライン違反となりますが、仮にお酒を紹介するような投稿でガイドライン違反と判定されると、店舗情報にその文章や写真は掲載されません。

また、当たり前ですが景品表示法や医療広告ガイドライン、薬機法に関わる内容などにも注意が必要です。

Googleは機械的に内容を判定しているため、時に誤認による違反判定もあります。たとえばエステサロンで肌の露出が多い写真を挙げると、不適切な写真として投稿できなかったり、削除されたりする場合があります。意図せず違反した場合や誤認の場合でも判定を覆すことは難しいため、誤解を与える表現は避けるようにしましょう。

書き込んだ投稿内容は、Googleにより店舗情報のひとつとして関連付けられ、検索結果の改善につながります。

▼商品

Googleビジネスプロフィールには、商品を登録できる機能もあります。

商品登録は、カテゴリによって使える業種と、使えない業種がありますが、使える場合は商品を登録することができ、検索結果で集客することができます。

商品機能も登録された商品内容が店舗情報のひとつとして関連付けられ、検索結果の改善につながります。

だったら、たくさん登録しよう！と思う方もいらっしゃると思いますが、そもそも検索

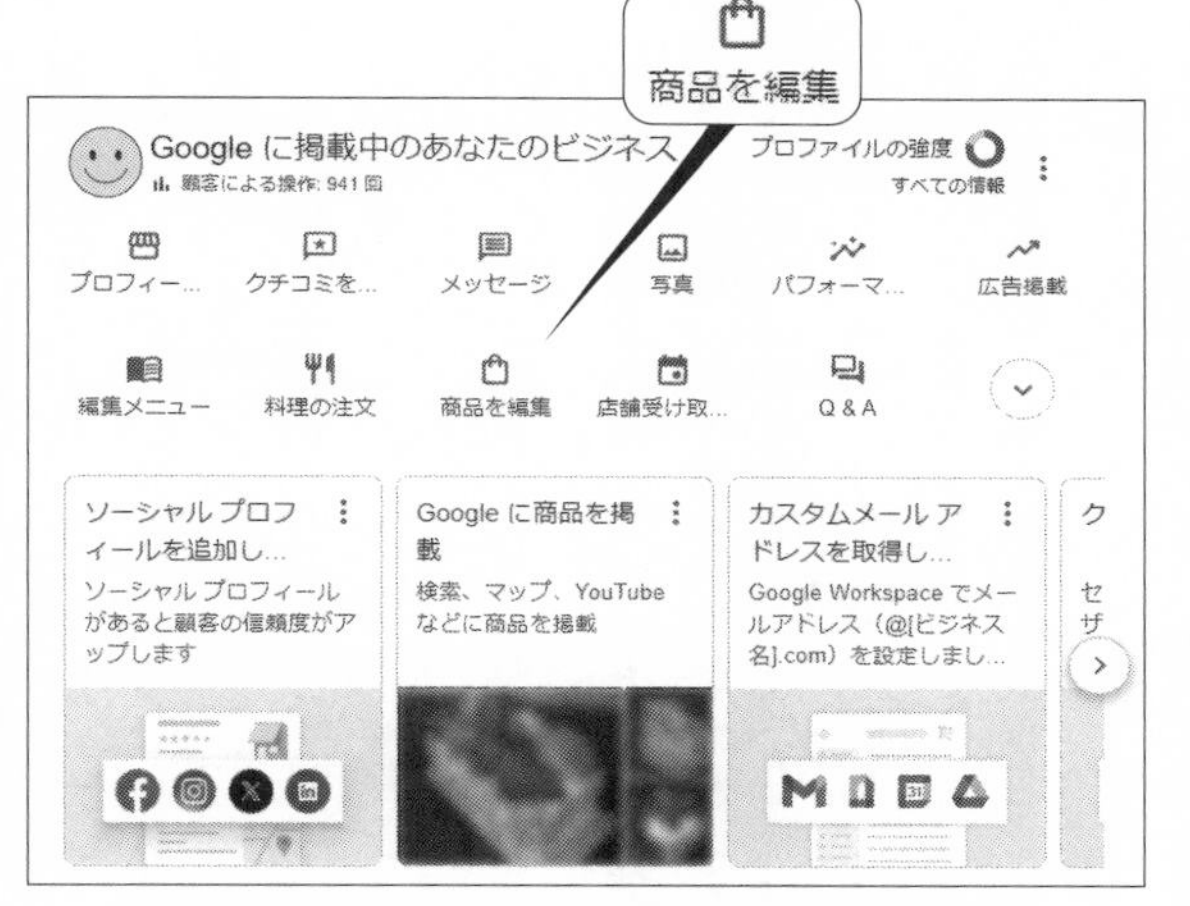

「商品を編集」を押して商品の登録をします。

取り扱い商品を並べて、より伝わりやすく！

されるような商品もあれば、わざわざ検索されないような商品もあります。

たとえば「きゅうり」とか「ガム」は、商品単位ではなかなか検索されないでしょう。

もちろん、それが売りであるならば別ですが、登録するかどうかは慎重に考えて決めましょう。

登録した商品が多過ぎると「お店の売りがよくわからない」という印象を与えてしまいがちです。

▼サービス

先ほど紹介した「商品」と似た機能として、業種のカテゴリごとに「サービス」を登録できる機能もあります。機能が使えるかどうかは設定した業種カテゴリで決定されます。

いわゆる〝小売商品〟ではなく無形で提供しているものがあれば、こちらを活用することになります。メリットも「商品」と同様で、お客様にサービスをアピールすることができるほか、Googleに「こういうサービスを扱っている」と伝えることで検索に引っかかるようにしたり、検索結果も改善します。


自身の管理画面のサービスの部分を見ていただくと、すでにサービスが登録されている

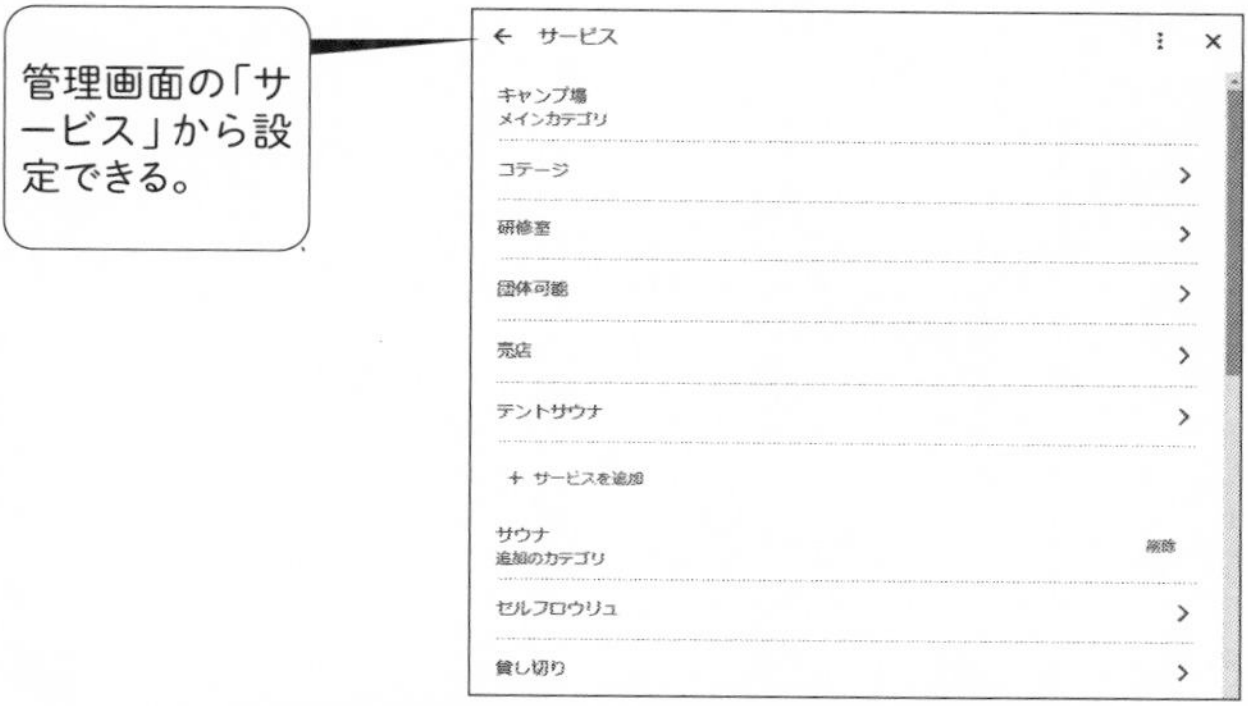

管理画面の「サービス」から設定できる。

サービス

キャンプ場
メインカテゴリ

コテージ

研修室

団体可能

売店

テントサウナ

＋ サービスを追加

サウナ
追加のカテゴリ
削除

セルフロウリュ

貸し切り

お店や施設が取り扱うサービスを掲載できます。

人もいるかもしれません。それは登録した業種カテゴリなどからGoogleが自動で生成したものです。すでに登録されている場合も自分で設定し直すことができますので、見直してみましょう。

ときどき、「商品」「サービス」をどのように使い分ければ良いのかわからないという質問を受けます。ガイドライン上でもいわゆる〝モノ〟は商品、無形のものはサービスとして登録するように定められているのは先述した通りです。

たとえば車関連であれば、商品登録はタイヤ、サービス登録はオイル交換などを登録します。こうイメージするとわかりやすいでしょう。

▼メニュー

飲食系の業種カテゴリを設定している場合は、

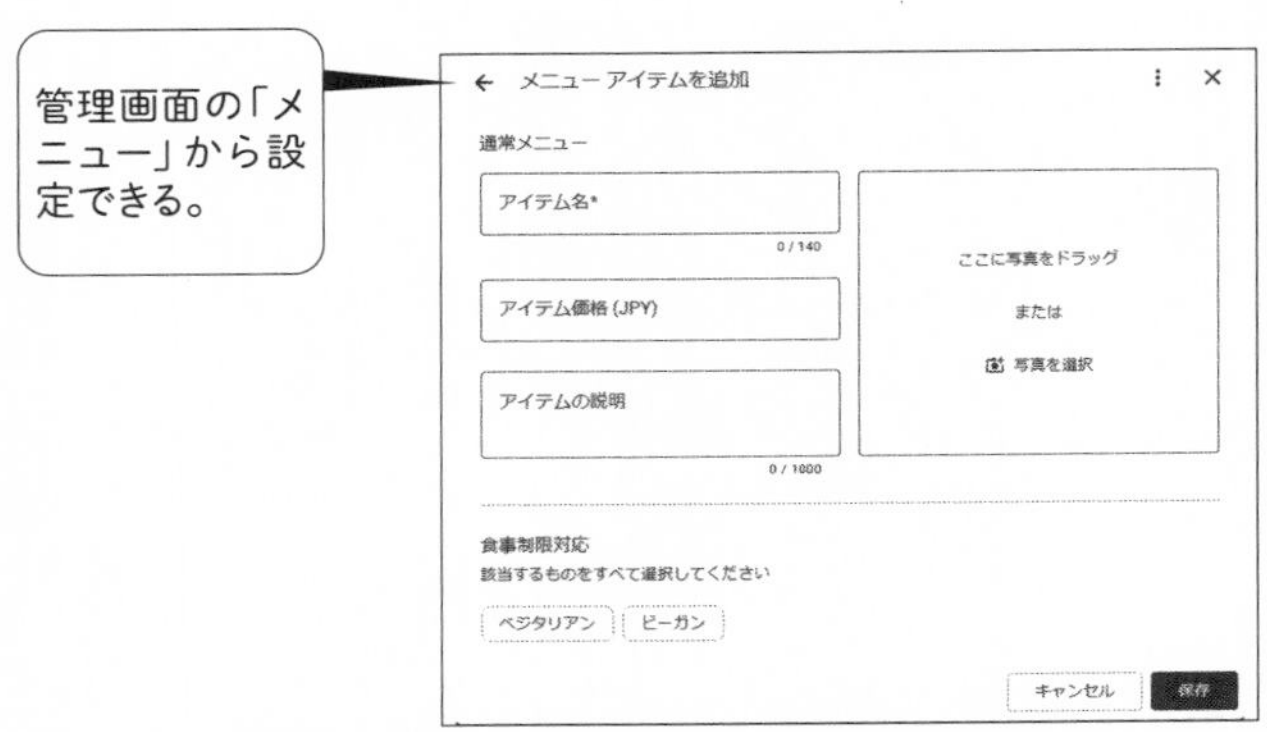

料理を登録して、おすすめメニューを紹介しましょう。

「メニュー」を登録することも可能です。メニュー名や金額、説明文が入力できるようになっています。

小売の場合は商品登録機能、サービス業の場合はサービス登録機能、そして飲食店の場合にはこのメニュー機能が使えることが多いです。設定項目やそれぞれ登録する内容は少しずつ違いますが、使えるならぜひ登録しましょう！

▼口コミへの返信

Googleの店舗情報には、来店後のお客様が感想・意見・評価などを口コミとして投稿できる仕組みになっています。

Googleビジネスプロフィールの登録がされていない店舗でも、Googleマップ上に情報さえあれば口コミを投稿できるようになっていますので、今まで

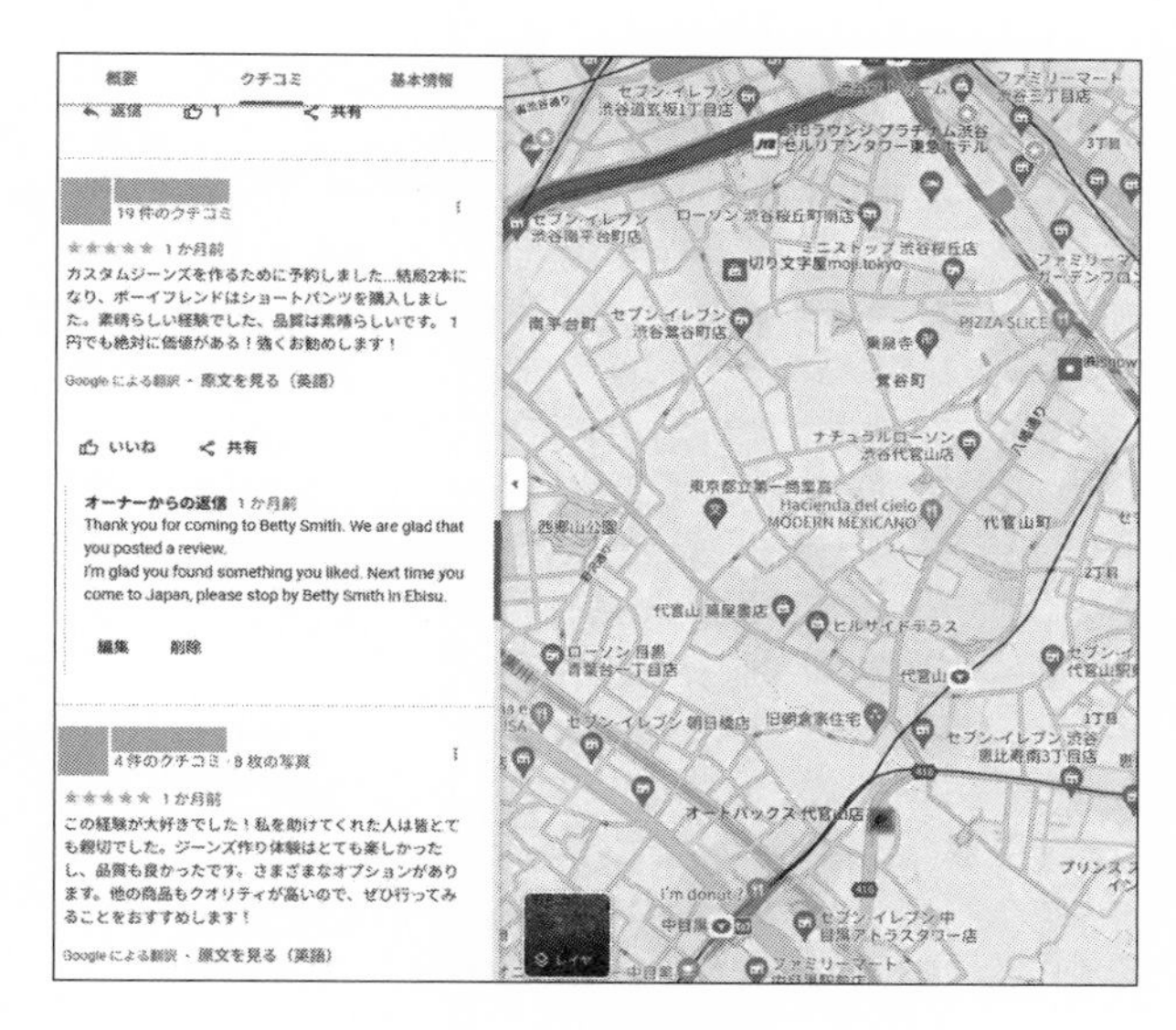

ロコミ一覧の画面。

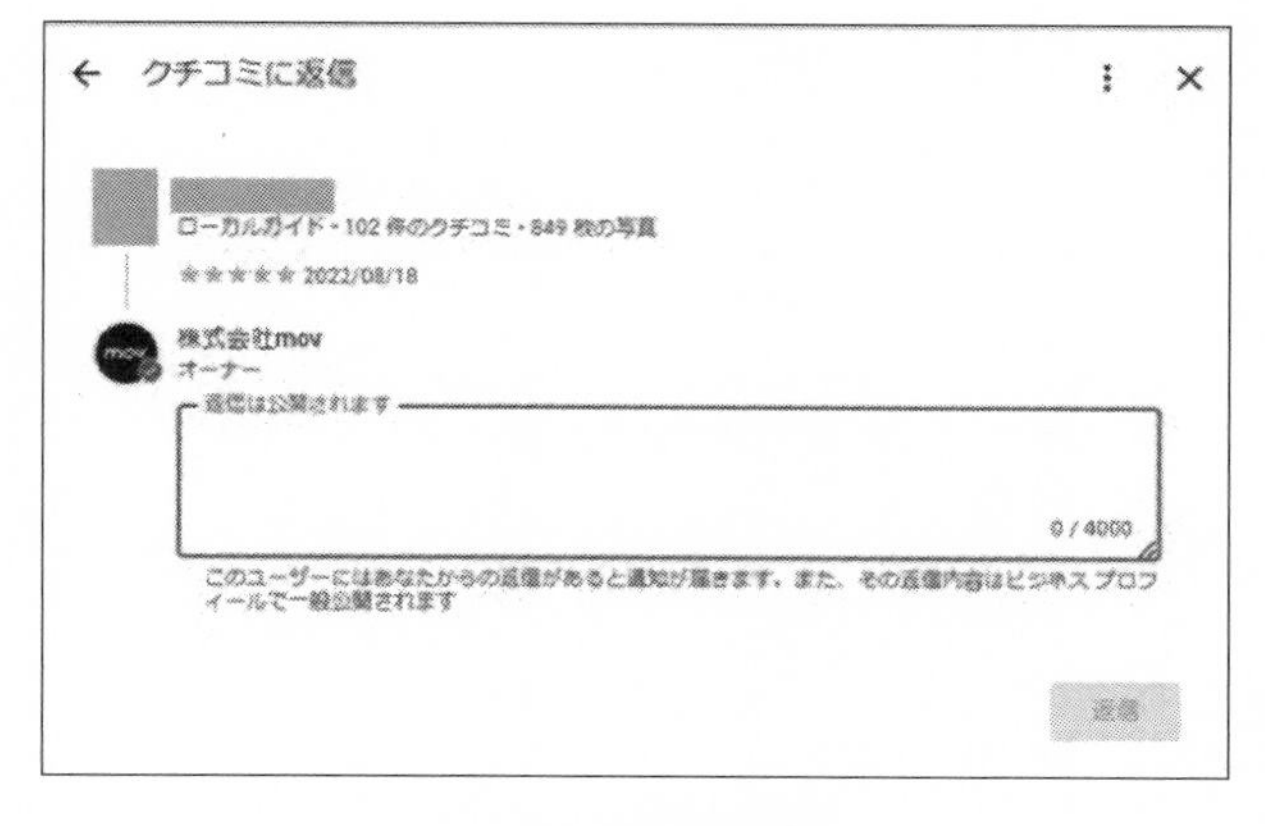

ロコミ返信の画面。

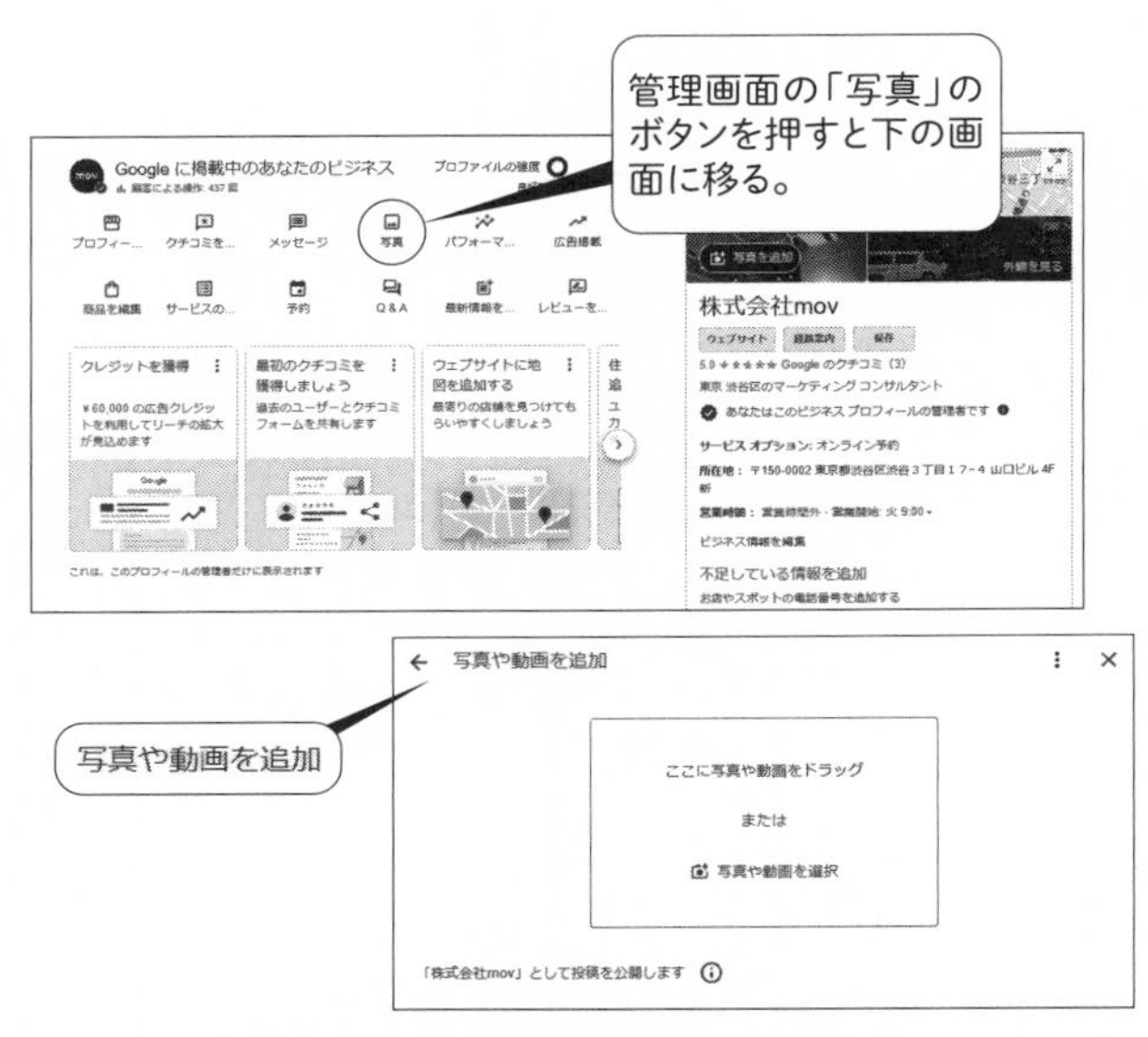

お店として掲載したい写真を投稿することができ、
追加したものは写真一覧に掲載されます。

放置していたという方は確認してみてください。

Googleビジネスプロフィールには、それらの口コミに対して返信できる機能が備わっています。

口コミは、今や消費者の行動に大きな影響を及ぼす情報のひとつです。口コミの収集や返信のポイントについては第5章にて詳しく解説します。

▼写真・動画

お客様も写真や動画を投稿できますが、お店側もビジネスプロフィールを使って写真や動画を投稿することができます。

お客様が思わず来店したくなるような、店舗の特徴・魅力が伝わる写真や動画を投稿できるとよいでしょう。……といっても、どんな写真がいいのかわからない！という方もいらっしゃると思うので、少しコツを。

まず、ここには必ず、外観、内観、メニュー、商品写真、スタッフ写真、サービスを提供する様子などの写真を、目的やシーン別に網羅的に入れておくことをおすすめします。

お客様の投稿してくれた写真が魅力的とは限りませんし、施術中や調理中などの写真は非常にイメージや魅力が伝わりやすく、それでいてお店側でしか撮れないシーンです。

写真や動画は、テキストではなかなか表しづらい魅力を伝えることができますので、積極的に活用していきましょう。

特に、お店の方の顔が見える写真は、来店へのハードルを下げてくれます。難しい場合もあるでしょうが、可能ならぜひやってみてください。

意外と見落としがち！　検索結果にどう表示されているかを確認しよう

店舗情報整備の基本的なところを説明してきました。ここまでできれば、第一のステップとしては十分でしょう。

あと1点だけ、第2章最後のチェックポイントとして、自分の店舗情報が検索結果でどんなふうに表示されているかを確認してみてください。

店舗の基本情報が網羅されているか。店舗や商品・サービスの魅力がわかるか。スムーズに店舗までたどり着けそうか。説明不足や情報不足になっていないか。

大切なのは、店頭での接客と同じく「お客様目線」です。店舗情報をお客様の気持ちになって確認し、少しでも説明が不足していたり、魅力が伝わっていなかったり、来店の妨げになるような部分があれば修正、編集していきましょう。

また、Googleの店舗情報は、必ずしも登録したときのまま留まっているわけではありません。先ほども簡単にふれましたが、オーナーが作成した情報だけが載るわけではなく、利用者によってどんどん新しい口コミが投稿されたり、写真や動画が追加されたりします。

営業時間などの基本情報に関しても、ユーザー（利用者）による提案や、Googleがインターネット上で集めてきた情報によって書き換えられることもあるのです。

たとえば、ユーザー（利用者）が「Google上は営業日だったが、店舗に行ってみたら今日は休みだった」といった情報の修正を提案をすると、Googleがそれを採用して情報を差し替えてしまうことも。そのユーザーによる修正の提案が正しければ問題ありませんが、「たまたまその日は台風で早仕舞いした」のを、知らないうちに「○曜日は定休日」と変更されてしまうような事態も起きてしまうのです。

ホームページやSNSでは正しい営業時間を告知していても、検索結果で一番目立つところに表示される店舗情報が間違っていてはクレームになる可能性が高いですし、内容によっては大きな売上損失になりかねません。そういった事態を防ぐため、店舗情報がインターネット上でどう見られているかを定期的にチェックすることはとても重要です。

店舗情報の客観的なチェックは、日々の習慣にしてください。

― 第3章 ―

「売れる仕組み」が見えてくる！
Googleビジネスプロフィールのアクセス解析機能

どのように検索されているかわかる「パフォーマンスデータ」とは？

基本機能の設定が済んだら、次は検索対策などの集客テクニックを……と言いたいところですが、効果的な集客をするためにお店がどう検索されていたり、どう行動に移されているかを先に知っておくことが重要です。

実はGoogleビジネスプロフィールには「パフォーマンスデータ（旧インサイト）」というアクセス解析の機能があります。

アクセス解析と聞いて、「分析とか解析って難しそう」とページを読み飛ばしそうだったり、本を閉じてしまいそうな方もいるかもしれません。

でも安心してください。絶対に誰でも理解できますし、カンタンです！

ナントカ法を使って分析！とかは一切ナシで解説していきます。

まず、管理画面にある「パフォーマンス」を押して情報を見てみましょう（マップアプリの場合にはパフォーマンス表示の右にある「詳細」を押してください）。

どんな情報が見られるかというと、自分の管理する店舗情報がどれくらい見られているか、どれくらい行動に移されているか。そして、どんな言葉で検索されているのかを「知る」ことができます。

これだけです。

……え、これだけ？？　そう、これだけです。

前述しましたが、この店舗情報が表示されるところは、Google検索の検索結果の上部やGoogleマップという、お店を探して検索する人が最初からたくさんいる場所です。その場所でお店を見つけてもらった回数や、どのくらい興味を持たれたか、Googleにどんな扱いを受けているか、知りたくありませんか？

「知りたい」と思った方もいれば、インターネットはよくわからない世界だし、苦手だから「知らなくてもいい」という方もいると思います。それでもこの本を手に取っていただいたということは、「集客したい！」と思われているはずです。

でしたら、この情報は集客のヒント、カギとなる貴重な情報がたくさん含まれているので、騙されたと思って、この機能を開いてみてください。

では、詳しく見ていきましょう。

見るべき数字はこの3つ！

パフォーマンスデータで見ることができる数字はいろいろあるのですが、注目ポイントは大きく3種類に分かれます。1つめが「閲覧数」、2つめが「反応数」、そして3つめが「検索語句」です。

「閲覧数」

これはGoogleマップ上の検索結果に施設の情報が表示され、閲覧された数。カンタンな表現で言うと、「どれくらい見られたか」です。

「反応数」

画面上では、インタラクションと書かれています。施設の情報を閲覧したあとに、経路検索や電話、ウェブサイトを見るなど次の行動を起こした数。カンタンな表現で言うと、「どれくらい興味を持ってもらえたか」です。

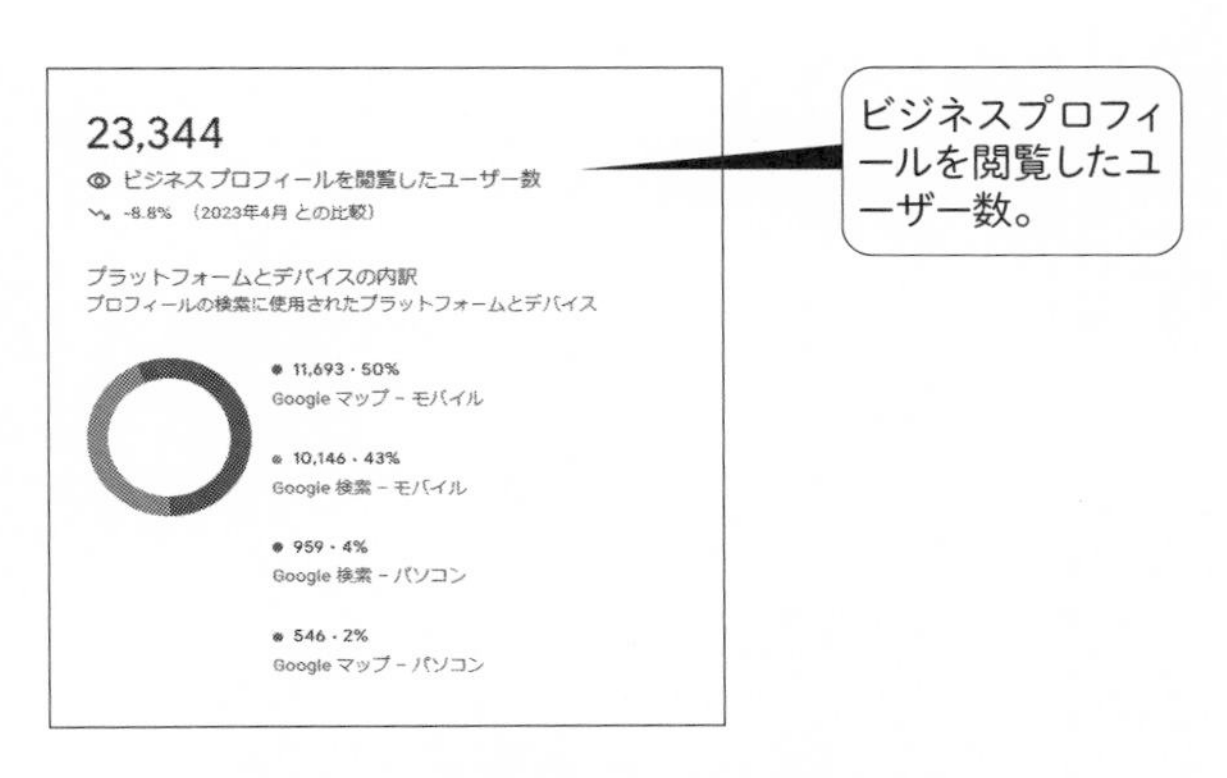

どのくらい閲覧されているかがわかります。

「検索語句」

その施設がどんな語句で検索されたのかを表すのが検索語句です。言い換えると、「Googleがどんな言葉であなたのお店を紐付けているか」です。

さて、それぞれどんな形で活用できるのかを解説していきます。

1「閲覧数」

1つめの「閲覧数」は、Googleマップや Google検索で、店舗情報が表示された人数です。つまり、あなたのお店の店舗情報を見ている人の数です。すなわち、「お客様になりうる可能性を持った人の数（見込み顧客）」のおおよそがここからわかるわけです。

これを知らずして、集客の施策を行うのは、暗闇

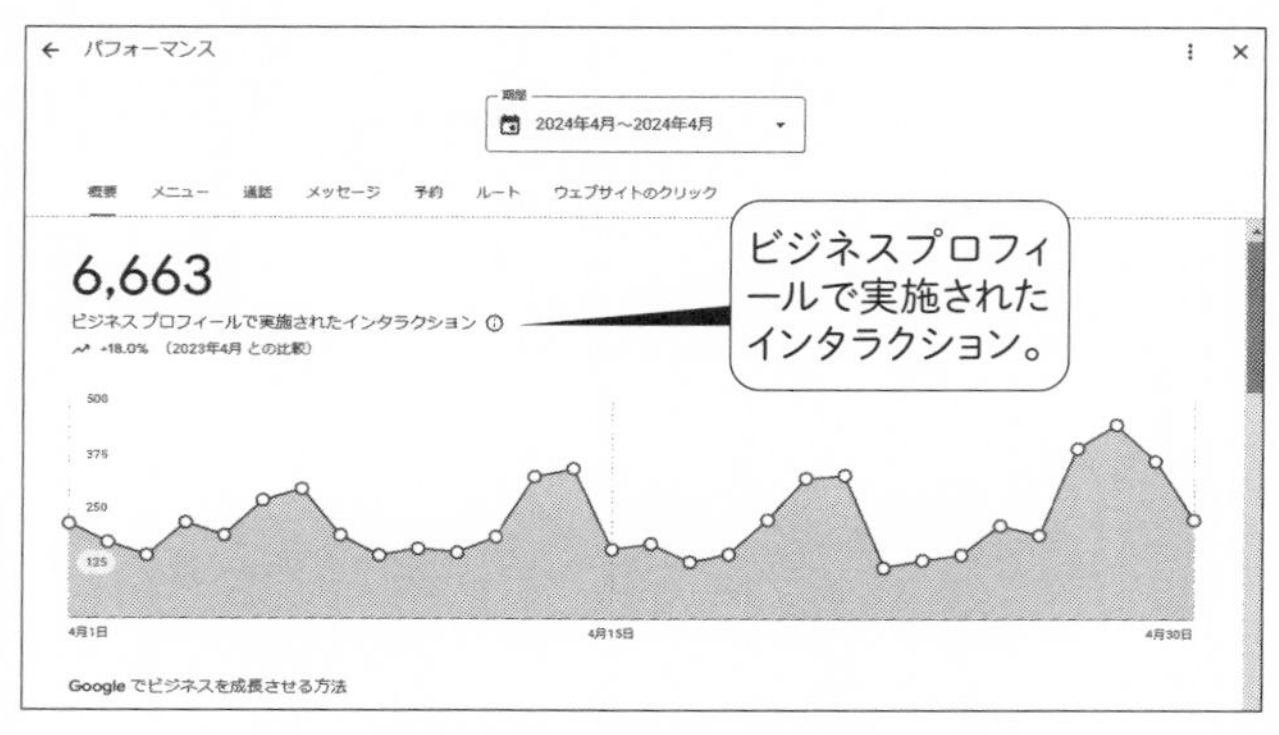

どのくらい興味を持ってもらえているかがわかります。

の中を走っているようなものです。店舗情報が本当に見られているかどうか把握できなければ、モチベーションも上がりませんよね。

2「反応数（インタラクション数）」

　2つめが「反応数」です。これは、店舗情報から「経路検索された数」「ウェブサイトが見られた数」「お店に電話がかけられた数」「予約された数」などを合計した数値です。これらは、店舗情報を見たあとに、興味を持って何らかの行動に移した数を表しています。

「インタラクション数」だと少しわかりづらいと思いますので、「お店に行きたいという〝反応〟を示した数」という意味で、ここでは「反応数」と呼ぶことにしています。

さらに、「通話」「予約」「ルート（経路）」「ウェブサイトのクリック」それぞれの数値を見ることもできます。

ただし、「予約」は機能を使っていないと表示されません。


閲覧数がどれくらい見られているかの母数だとすれば、反応数はそこから興味を持ち、さらに来店につながるような行動を起こした数といえます。もし反応数が増えたなら、基本的にお客様の来店にも結び付いていると考えてかまいません。


ちなみに、「経路検索した回数」「ウェブサイトを見た回数」など反応数の種類のうち、特にどれを重要とするかは、お店の業種、業態、立地によって異なります。

たとえば、公式ホームページで予約を取っているお店なら「ウェブサイトを見た回数」が重要ですし、電話で予約を受け付けているお店や問い合わせが多い業態なら「お店に電話をかけた回数」が重要になります。

また、場所がわかりづらいお店やカーナビでの検索需要がある郊外のお店、近くに目印となるような場所がないお店などの場合、「経路検索した回数」がかなり多くなるでしょう。逆に駅前のお店なら、経路検索はそこまで多くないかもしれません。

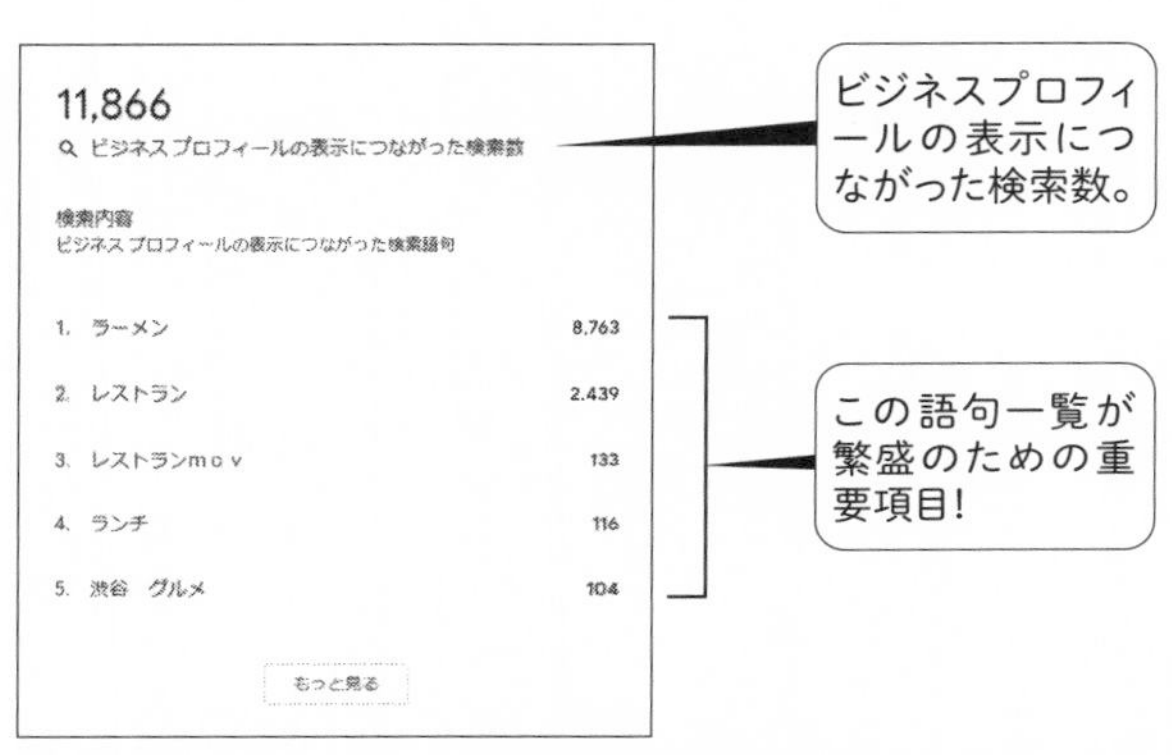

「検索語句」では、どんな言葉で検索されているかがわかります。

いずれにせよ、来店につながる指標となるというのは確かなので、業種業態やお店の状況に応じて、自分たちにとって特に重要な要素は何かを判断することが大切です。

3 「検索語句」

３つめの「検索語句」。実は、これが３つの中で最重要のデータです！

これまでの説明を読んで、「やっぱり難しいよ。３つもあると面倒だし説明もよく理解できない」という方は、このデータを見ていただくだけでもかまいません。

このデータでは、自分のお店が「どんな言葉で検索に引っかかっていて、どのように検索されているのか」を把握できます。

下部の「もっと見る」を押すと、6番目以下の検索語句も見ることができます。PC画面だと右下隅。スマートフォンだと一番下にこの機能があります。

では、このデータはどのように活用すればいいのでしょうか。

「検索語句」のデータは、どのように活用すればいいのか？

実はGoogleは、あなたが思っているよりも、あなたのお店のことを知りません。何ともショッキングな事実かもしれませんが、まずはお店の業種や客層、商品やサービスなどをイメージしつつ、検索語句の欄をなんとなく見てください。

「やっぱりこのキーワードで検索されているよね」とか「意外とこんなキーワードで検索されているんだ」といった発見もあるものですが、逆に「このキーワード、数が少ない（検索に引っかかっていない）なあ」とか「うちの店の売りは○○なのに、なんで○○で検索されていないんだろう」と思う語句もあるかもしれません。

実は、ここにチャンスが隠れています。

本当は検索に引っかかってほしいのに、引っかからないというのは、よくあることです。なぜなら、オーナーが「お店の売りは◯◯だ」と思っていたとしても、それがインターネット上のどこにも書かれていなかったり、仮に書かれていたとしても、Googleに情報がうまく伝わっていなかったりするからです。

お客様視点で、どんな検索をするのか考えてみよう

もし自分がお客様だったら、どんなキーワードであなたの店舗を検索するでしょうか。いろいろな視点で考え、先ほどイメージしていただいたお店の特徴や売り、商品やメニュー名などのキーワードをたくさん書き出してみましょう。

たとえば中華料理屋だったら、ラーメン、中華そば、ラーメン屋、チャーハン、餃子、冷やし中華、小籠包、飲食店、ランチ、ディナー、定食、コース料理、家族連れなどが想

像できますね。

ポイントは、「ラーメン」と「中華そば」、「餃子」と「ギョウザ」のように、似た商品や表記が違う語句も洗い出してみること。特にそのお店の主力商品・サービスで売上に大きく影響するものについては、類義語や異なる表記でも検索に引っかかったほうがいいですよね。

Googleマップなどのローカル検索は、ホームページを検索する場合と比べてこうした類義語・表記のゆれの関連付けがまだまだしっかりなされていない場合があるので、重要なものは考慮しておく必要があります。

ほかにも「食べ放題」と「ビュッフェ」、「美容室」と「美容院」など、改めて考えると結構あるので意識して挙げてみてください。

また、意外と見落としがちなのが店舗名です。

仮に店舗名が「居酒屋kutikomi com」だったとしましょう。この場合、「kutikomi.com」「クチコミコム」「くちこみこむ」など、いろいろな表記で検索された際に引っかかるかどうかがとても重要です。

この例のようにアルファベット表記の店舗名や、難読漢字が使われている店舗名などは、ひらがなやカタカナで検索されることが多いので、ここのブレに対応できているかどうかが集客に影響します。

まだまだGoogleのローカル検索はこの辺りにあまり適応できていないことが多いので、オーナー側が対応していく必要があるのです。

このような考え方でキーワードを洗い出したら、実際にそのキーワードが「検索語句」の中に入っているか確認してみてください。もし入っていない場合（そもそも検索されづらい、あるいはまったく検索されていないキーワードの可能性もありますが）、自分たちがアピールしたい魅力がGoogleに伝わっておらず、検索結果に反映されないため、検索した人にも届いていないという状態になっていると考えられます。

ですので、お店の魅力についてしっかりとアピールする施策を進め、「検索語句」の中にそのキーワードが反映されている必要があります。

また、「検索語句」では検索されているキーワードの検索数にも注目しましょう。

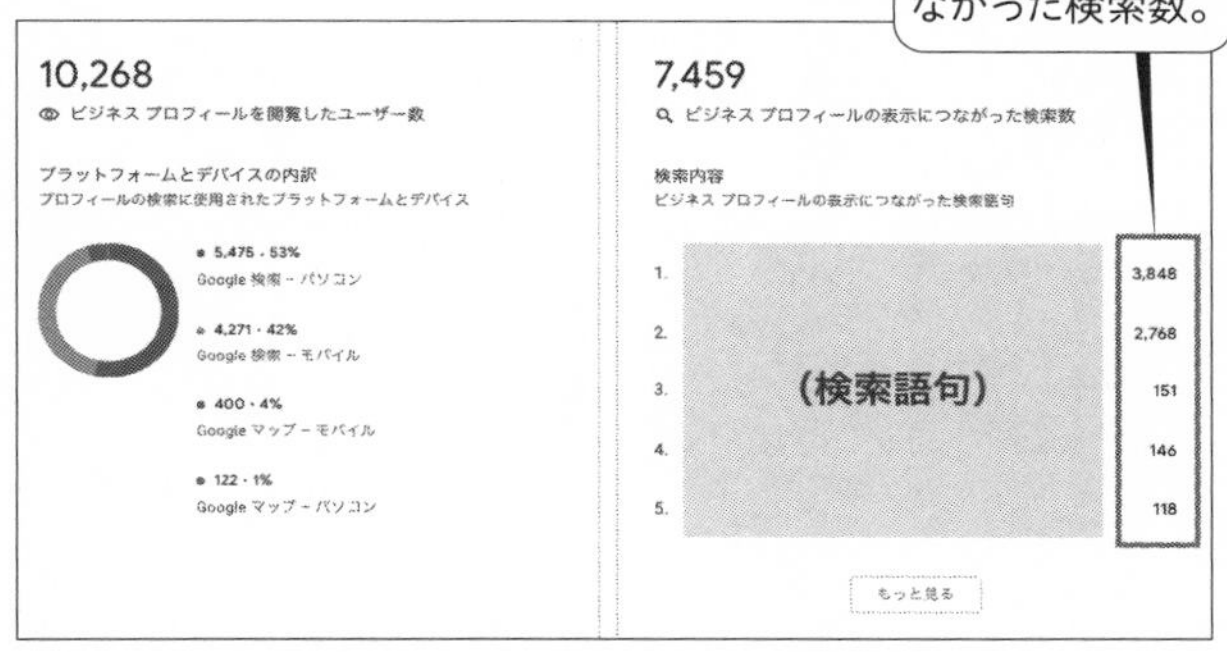

検索されているキーワードの検索数。

これは検索語句としての需要や、店舗情報とその語句との関連性の強さによって、数字が大きくなったり小さくなったりします。数が多いものは検索語句としての需要があり、自分たちの店舗情報がその語句としっかり関連付けられていることを示します。

一方、数が少ないものになると、需要が少ないか、店舗情報がその語句としっかり関連付けられていないことを示します。

関連性を強化したいキーワードにも関わらず関連付けが弱いものがあれば、そのキーワードは優先的に対策したい部分になります。

具体的なキーワード対策については、第4章の「関連性」に関する内容を見てみてください。

売れる仕組みをつくるには？

売上につながる仕組みをつくるために、必ず必要な要素があります。大きく分けて、調べている人が「店を知ること」と「店に行きたくなること」の2つ。

知らなければ行きようがないし、興味がわかなければ、知っていても行きたくはなりません。

言い換えれば、どんな言葉で検索に引っかかって、どのような情報が発信されているのかが重要になります。

閲覧数が増えないのであれば、そもそもたどり着ける人が少ないままということ。であれば検索語句のところでもふれた通り、検索に引っかかる語句を増やさないといけないわけです。

反応数が増えなければ、興味を持ってくれた人が少ないままということ。あなたのお店が魅力的であるならば、それが伝わっていない可能性があるということになります。

すなわち、魅力が伝わるような発信をしていく必要があります。

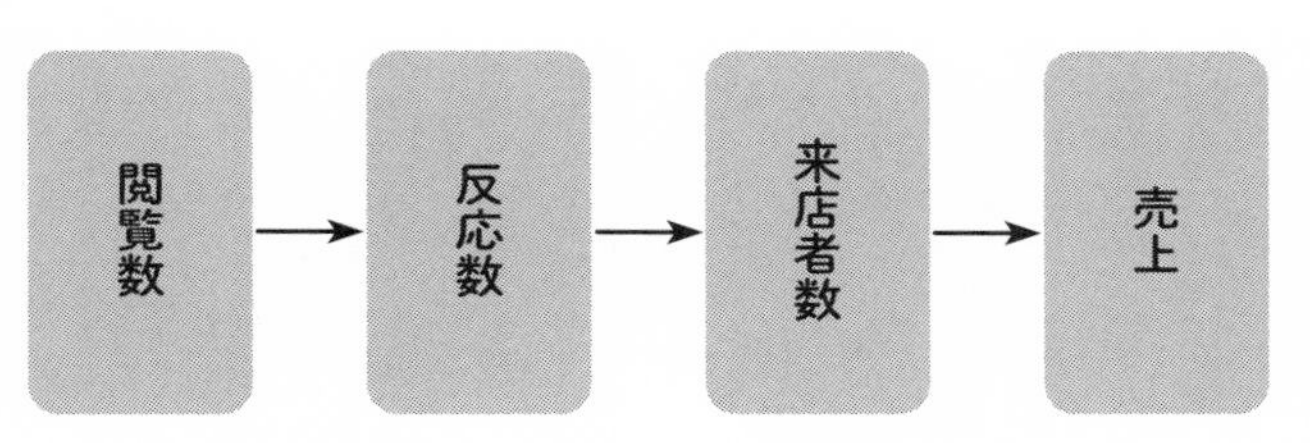

お店を探す人が来店につながるまでの流れ。

Googleビジネスプロフィールのアクセス解析の機能の数字を見て、みなさんのお店はどうでしたか？　この数を増やしたい！　検索にいろいろな語句でちゃんと引っかかるようにしたい！　と感じたなら、そこを改善することで、歯車がうまくハマり、集客の仕組みを強くするキッカケになるでしょう。

この改善サイクルを繰り返していくことで、さらなる繁盛につなげられるというわけです。

さあ、イメージが湧いたところで、いよいよ具体的な施策のお話に移りましょう。

第4章

集客力アップにつながる！「Googleローカル検索」の仕組みと活用術

集客アップに向けて、まずは検索の仕組みを知ろう

第3章では、Googleビジネスプロフィールのアクセス解析機能について解説しました。

「閲覧数や検索語句を見てみたけれど、あまり見てもらえてなさそう……」

そう焦った方もいるかもしれません。業種や利用目的、商品名や料理名など、さまざまな検索語句がある中で、できるだけ多くのキーワードで、自分の店舗の情報が検索結果に表示されるようにしたいですよね。

そのヒントは、「Googleローカル検索」の仕組みにあります。本章ではその仕組みを解説しながら、お店の情報をより多くの人に見てもらえるようにするためのポイントをご紹介していきます。

「MEO」「ローカルSEO」って何？

ちょっとコラムめいた話を少し。特にこの見出しの言葉を聞いて、まったく知らない、または興味のない方は読み飛ばしてください（笑）。

さて、今読まれている方は知っているでしょうか、「ＭＥＯ」「ローカルＳＥＯ」という言葉。もしかすると、このテクニックを知りたい！と思って本書を手に取った方もいらっしゃるかもしれません。

ＭＥＯは、「ＳＥＯ」という言葉の「Ｓ」をマップ（Maps）の「Ｍ」に変えてできた言葉です（ＳＥＯ…Ｗｅｂ上の検索への最適化を図ること。Search Engine Optimization／検索エンジン最適化）。

これは日本で生まれた言葉で、海外では使われていません。が、国内ではGoogleマップやGoogleビジネスプロフィールを店舗運営に役立てる施策について、この「ＭＥＯ」という言葉が使われるケースが増えているようです。

ただし、この「ＭＥＯ」という言葉は、そもそもGoogle公式の用語ではなく、仕組みや定義について明確に確立されたものでもありません。「Googleマップでの表示順位を上げること」を「ＭＥＯ」と呼ぶ人もいれば、「Googleビジネスプロフィールの項目を設定すること」のみをそう呼ぶ人もいます。人によって定義に結構な差が生じている言葉ですので、取り扱いには注意が必要です。

「ローカルSEO（Local Search Engine Optimization／ローカル検索エンジン最適化）」という言葉も、「MEO」とほぼ同様と考えて問題ありません。こちらは英語圏で生まれた言葉で、海外でも使われています。マップでの順位を上げることやGoogleビジネスプロフィールを設定することなどを指して使われるケースが多いようですが、MEOと同様に定義や解釈はさまざまとなっています。

そのため、たとえばMEOやローカルSEO関連の本を手にとるときや、業者から「MEOができますよ」「ローカルSEOを支援します」といった営業を受けたときなどには、その言葉が何を指しているのか、何を目指して行うものなのか、確認するようにしてください。

「Google上で上位表示させる」「検索され、閲覧される回数を増やす」「来店客数や売上を伸ばす」など目的や施策はさまざまあるわけで、どこを指標として、どこまでを目的とするかで、やるべきことは大きく変わってくるためです。

なお、本書では「MEO」「ローカルSEO」という言葉はあえて使いませんが、定義するとすれば、「地域検索（ローカル検索）からの集客・誘客を最大化させる」手法として定義します。

なぜこう定義するのかというと、ポイントは大きく2点。

まず「MEO＝順位を上げること」と考えている方も多いのですが、本書ではそこに限りません。というのも、検索順位だけを意識すると、集客施策としては穴が生じてしまうからです。これについてはのちほど詳しく解説します。

もうひとつのポイントは、よくある「MEO」「ローカルSEO」の定義では、Googleビジネスプロフィールの運用のみを範囲としていることが多い一方で、本書ではそれ以外でも「地域検索からの集客・誘客の最大化」につながるものはできるだけ網羅して紹介する点。たとえば口コミ集め、公式ホームページやその他口コミサイトでの発信、さらには広告、SNSなど、あらゆる手段で集客・誘客の最大化を目指す方法をお伝えしたいと考えています。

検索順位至上主義の罠！　それだけでは売上につながらないことも…

ＭＥＯを知らなかったという人でも、「順位を上げる」というのは「目立つからいい」という認識があるはず。１位になれば売上が上がると思ってしまうかもしれません。

この検索結果の改善に取り組むのは、別に間違った考えではありません。でも、実はそれだけで売上につながるとは限らないのです。

ご自身がGoogle検索やGoogleマップでお店を検索するときを想像してみてください。そのとき、１位や2位の店舗を優先的に選ぶでしょうか？　おそらく、ほとんどの方は検索結果に並んだもっと多くのお店の中から、さまざまな情報を比較して選択するのではないでしょうか。

実際、検索結果には、１軒や2軒ではなく多くの店舗が並んでいます。もちろん、1位と40位では選ばれやすさに違いは出るでしょう。でも、検索してからざっと下にスクロールしたとして、4位と8位と10位と13位という順位の差が集客に大きな差を生むでしょうか。必ずしも順位が高いほど来客に結びつくのかというと、そこまで選ばれやすくなるわけではないことが、イメージできると思います。

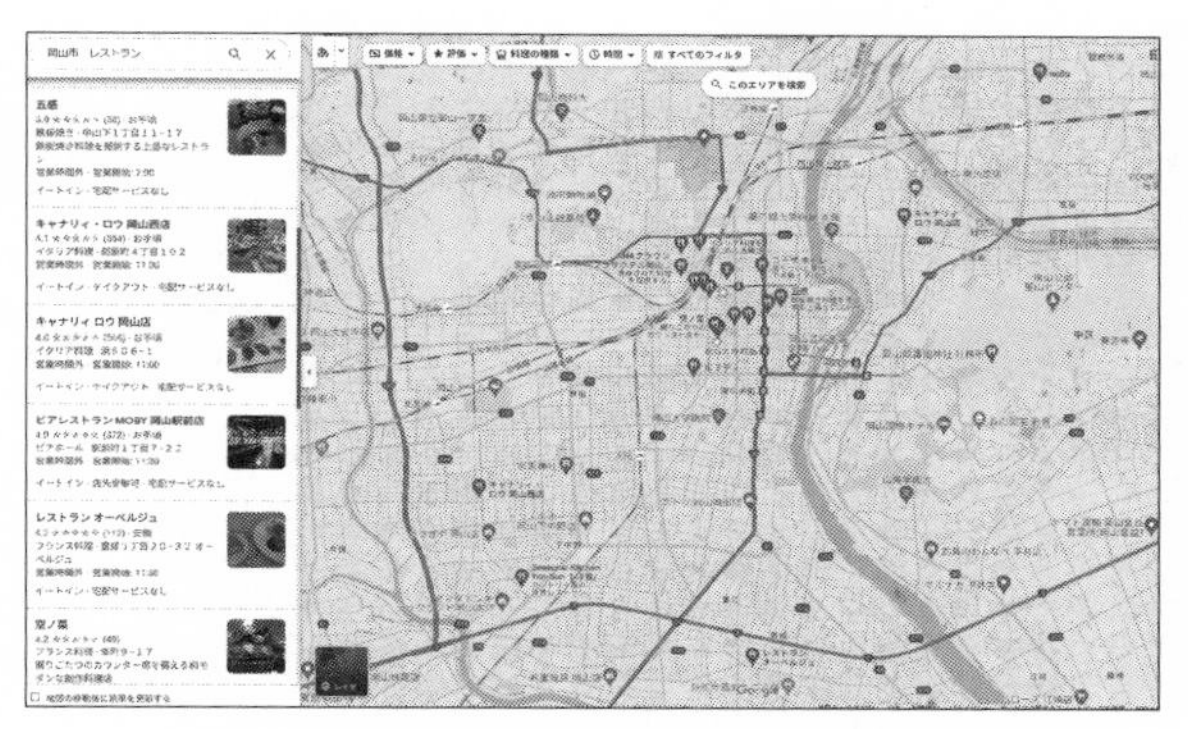

ホームページの検索と比べ多くのお店から選び、
現在位置からの距離も関係するため、順位がすべてではありません。

筆者も実際に数多くの店舗を見てきていますが、いわば「検索順位至上主義」に縛られてしまい、そこでつまずいてしまう方は非常に多いですし、順位は改善したとしても経路検索や電話の問い合わせの件数が増えずに困っているという話もよく聞きます。

さらに言うと、検索順位は、検索した場所や時間などさまざまな条件によって大きく変わる傾向があります。たとえばお店の前で検索した際に上位に表示されていたとしても、駅前で検索したら表示されなかったり、順位が変化したりする、といったことが起こるのです。

ただ、どういう状況であっても先に行うべき、意識すべき、優先順位の高いポイントがあります。

それは、メイン業種以外の検索語句です。ラーメン屋であれば、豚骨ラーメンとか餃子とか家系とか、中華料理などです。

これらがそもそも引っかかっていなければ、知りようがないので行けないのです。せっかくその料理が食べたいと思って検索しても、候補に出てこないのであれば、確実にゼロです。引っかかれば0を1にできます。前章のアクセス解析でもお話ししましたが、まずはこの意識が大切です。

中には多く検索されているのに、まったくお店が引っかからないような金脈キーワード（と筆者は読んでいます）が眠っていることも少なくありません。

繰り返しになりますが、順位を気にすること自体は悪いことではありません。自分たちの店舗情報の状況を把握し、分析できるという観点ではむしろ良いことです。

一方で、必要以上に順位だけを気にするような「検索順位至上主義」より、まずは「いろいろな検索語句で引っかかる」ことが重要と、思っていただければ幸いです。

検索結果に表示される店舗はどうやって決まる？

じゃあ、どうすれば検索に引っかかるようになるの⁉　教えて欲しい！となりますよね。

その具体的な方法をお伝えする前に、まずは仕組みを理解しておくことが重要です。検索結果に表示される店舗情報の一覧が、どのように決定されているのかを解説します。

Google公式のドキュメントページ（Googleが順位の仕組みなどさまざまな情報を公開しているページ　https://support.google.com/business/answer/7091?hl=ja）を見てみると、「距離」「関連性」「視認性の高さ（知名度）」の3つが検索順位に影響する要素であると記載されています。

▼距離

検索した現在地からの距離です。スマートフォンのGPSやインターネット回線のIPアドレスなどから、自動的におおよその地点が判定される仕組みです。

もしくは、「渋谷 レストラン」のように検索語句に地名が含まれる場合、その地名との関連性（このあと説明します）も考慮されて表示されます。

▼関連性

検索されたキーワードと店舗情報とがどれだけ関連しているかという点も、検索結果に影響を与える要素のひとつです。

たとえば「ディナー」と検索した際、美容室やアパレルのようなディナーと関係のない店舗ではなく、レストランなどディナーと関係している店舗が検索に引っかかるようになったり、優先的に表示されるようになっています。

▼視認性の高さ（知名度）

3つめの要素は「視認性の高さ」です。以前は知名度と表現されていました。その言葉通り、店舗名やブランド名がどれだけ知られているか、どれだけ注目されているかが考慮されています。

ざっくりと説明すると、「店舗名やブランド名でたくさん検索されている＝視認性が高い」とGoogleに判断されます。

ほかにも「営業時間内かどうか」など、さまざまな要素が検索結果に影響する要素となっていますが、主に関係するのは「距離：どれだけ近いか」「関連性：どれだけ関連しているか」「視認性の高さ：どれだけ知られているか」の3つの要素です。

検索対策における集客力アップの鍵は「紐付けること」

主に「距離」「関連性」「視認性の高さ」の3つの要素が検索結果に影響するとお話ししましたが、ここで特に重要になるのは「関連性」です。というのも、距離や視認性の高さとは異なり、関連性だけは、店舗側ですぐ工夫ができる要素だからです。

検索した人がどこにいるか（距離）は当然店舗側で操作できませんし、お店やブランドがどれだけ知られているか（視認性の高さ）も、すぐには変えられません。

広告などによって知名度を高めていくことも可能ですが、一方で時間もお金もかかりますし、無駄打ちにならない知識も必要です（大手チェーンではこういった知名度を上げる広告も並行して行いますが、知名度のない小規模店がこれから集客をはじめる場合は使い所が難しく、間違えると結果に結び付かないので、優先順位的には後々の楽しみにとっておいてもいいでしょう）。

したがって、Googleビジネスプロフィールの施策では、まずは「関連性」を意識するのが最優先だと言えます。つまり、きちんと店舗情報と検索語句を紐付けることです。

先ほどに最優先とお話しした、引っかかっていないキーワードと店舗を紐付けたり、すでに紐付けられているキーワードとの関連性をさらに高めたりすることで、検索時に店舗情報が表示されやすい状況をつくるのです。

飲食店であれば、「ランチ」では検索に引っかかっているけれど、細かなメニュー名や「名物」「グルメ」といったキーワードでは検索に引っかかっていない、といった状況の店舗がよくあります。

つまり、「店舗情報が表示されてほしい」キーワードで検索されたときに、検索結果に表示されていない場合は、Googleがその店舗と検索語句を紐付けてくれていない可能性があるのです。

言い換えればGoogleに「このお店は○○という語句と関連性がある」「このお店には○○がある」という事実を伝えていく必要があるわけです。

では、検索キーワードと店舗情報との関連性を高めるためには、どうすれば良いのでしょうか?

これに影響する主要な要素が次の4つです。

①Googleビジネスプロフィール：Googleビジネスプロフィールで、その語句やその内容について言及されている

②Ｗｅｂサイト：公式ホームページや口コミサイトなどに、その語句やその内容について言及されている

③口コミ：利用者のコメントで、その語句や内容について言及されている

④実際の検索語句：実際にお店とともに検索されている（例：「居酒屋ながやま　すき焼き」といった検索。あらかじめ店舗名と売りになる商品名などを知っていないと検索されない）

この4つで、その語句について情報発信を行うのが有効です。

ただしこの中で④は、「ユーザー（利用者）がどういう言葉で検索するか」というお店側ではすぐにコントロールできない要素となります。これを意図して行うためには、広告、メディア露出、ＳＮＳ等のＰＲでお店を知ってもらう必要があり、それにはお金もしくは時間がかかります。

①のビジネスプロフィールは店舗側ですぐに取り組むことができます。②はホームページなので自分で調整できるかが分かれ道です（制作会社に依頼しないといけない場合には金額との相談になります）。③の口コミは工夫次第です。接客中の呼びかけなら手間はかかりますがお金はかかりません。いろいろ方法があります（これについてはあとで詳しく解説します）。基本的に、この①〜③の中で、今やれそうなところからはじめるのがよいでしょう。

Googleビジネスプロフィールの情報は、何が検索に引っかかる？

まずは主題のビジネスプロフィールの検索への整備をしましょう。

第2章で紹介したようなGoogleビジネスプロフィールの投稿・商品・業種カテゴリといった項目が検索への紐付けに使われます。こうした項目で、具体的にその語句が使われているかどうかチェックしてみてください。

きちんと記載されていないなら、意識して情報を発信していきましょう。

検索を意識したほうが良い箇所と、そうでない箇所をまとめたので、参考にしてください。

▼ビジネス名　×

まず、ビジネス名は（誤解を恐れずに言うならば）検索に引っかかります。ただ、看板に書かれていないキーワードをビジネス名に入れるのはガイドライン違反で、公開停止される可能性が非常に高い行為です。

一見、効果があるように見えますが、店舗名がかなり長くなるので、Googleが正式な店舗名を理解できないようになり、たとえ店舗名で検索されてもGoogle側が検索結果に表示してくれなくなったり、先述した知名度要素が上がらないなど、結果的にデメリットが書ききれないほどあるため、ここにはキーワードを記載しないでください。

▼住所　×

ここもビジネス名と同様に、キーワードを記載してしまうとガイドライン違反で公開停止されるリスクがあります。

さらに住所が認識できなくなり、検索にとってマイナス要因が非常に多いため、ここにもキーワードは記載しないでください。

▼属性設定　△

すべてではないのですが、一部の項目は検索に対応して紐付けられます。代表的なものに、飲食店のテイクアウトの有無の設定があります。

業種カテゴリによって項目は違うので、できる限り設定をしておいたほうがいいでしょう。

▼投稿機能　○

投稿機能で作られた内容文は検索に引っかかり、関連性を増すための要素になります。検索された際、検索結果に店舗情報とともに、ここで書かれた文章が引用されることからもわかります。

どういうお店なのかを、検索語句を意識しながら紹介してください！

ただし、ここで注意点があります。「同じ内容でも毎日投稿すれば、その分引っかかるんじゃないか？」と、同じ投稿を毎日行っているケースがありますが、実は効果がありません。むしろスパム行為、迷惑行為として公開停止の可能性があります。

なぜ効果がないのかというと、まず事実として、以前この手法はガイドラインにNGと書かれていなかったため、この手法を使った事例が数多くあり、その上で効果がないことが判明しています（現在はNGと記載されています）。

個人的な見解ですが、理由はおそらく「連続投稿しても誰も見ていないレベルの閲覧回数なら、Googleも紐付けない」のだと思います。目安を挙げるなら週1～2回をおすすめします。

キーワードの羅列も同様で、迷惑行為でもあります。

投稿機能で意識してほしいのが、「それを見ている検索中のお客様がいる」ということ。「意識するのはGoogleだけではない」ということはイメージしておくといいでしょう。

▼商品、サービス、メニュー機能　〇

投稿機能同様に検索結果で引用されることから、ここの情報はお店で取り扱うものを検索に絡めやすくしてくれます。

Googleビジネスプロフィールを利用していても使われていない機能の筆頭なので、必ず情報整備しましょう。

▼口コミの返信　×

検索には引っかからないので、お客様とのやりとりに集中しましょう！　特に口コミの返信は一般にも公開されているので、不自然な文章やキーワードの羅列をしていると、見ている人の印象が悪くなり、逆効果です。

▼その他

ビジネスプロフィールの編集機能にはないのですが、Googleマップの機能には検索に引っかかり、引用される要素を持っているものがあります。

たとえば、飲食店には「注目のメニュー」という項目があり、スマートフォン環境だと料理名が自動登録されたり利用者が名前を追加したりできます。

オーナーとしてではないものの、私たちお店側も一般のGoogleマップ利用者として修正や追加ができるので、確認してみてください。

ほかにもQ&A機能という、自由に質問や回答ができる機能があります。質問を検索して悩んでいる人や、来店者に相談内容や質問を募集してお店側で返信対応することもできる（返信自体はビジネスプロフィールでできます）ので、うまく活用するといいでしょう。

ホームページやSNSの存在は、検索に何か役立つ？

次に考えたいのがウェブサイト。いわゆるホームページの存在です。

この要素はその性質上、Googleビジネスプロフィールや無料でできる範囲ではない部分もあります。この本を読んで、ビジネスプロフィールはきちんと整備した方や、すでにビジネスプロフィールはひと通りやったから、もっといろいろと取り組みたいという方は、ネットの外部情報にもこだわってみてください。

さて、こういった存在は大きく分けて、次の４つがあります。

①自社の公式ホームページ
②他社掲載のページ（予約サイトや特設サイトを含む）
③お店のＳＮＳページ
④ほかの方がＳＮＳやブログで言及してくれた記事

適切な形で情報が掲載されていると、これらの情報はきちんと紐付き、集客の一助になってくれます。

基本的な考えとしては、お店の情報がGoogleビジネスプロフィール以外でも言及されていると、その情報もGoogleは参考にして、その中の言葉が検索語句で使われたときに検索結果にお店としっかり紐付けたり、関連性を高めてくれ、見てくださる方を増やすことができます。

▼自社の公式ホームページ

まずは1つめの公式ページです。

ビジネスプロフィールにウェブサイトの設定があるので、公式ページのURLを設定します。設定されたページ内に、前章でピックアップした「検索に引っかかってほしいお店の業種や商品、サービス、魅力」などがきちんと記載されているかどうかを確認してください。この際の注意点ですが、画像で表現、記載されていても〝Googleにうまく伝わらない〟ので、必ずテキストデータで実際に書かれているようにしましょう（今後はホームページ内の画像も大切になりそうですが、現状では画像でGoogleに商品やサービスを伝えたい場合は、ビジネスプロフィールの写真欄のほうが有効です）。

これを読んでくださっている方の中には、「自分はお店の管理者だけど、ホームページは制作会社に任せてる」という方もいらっしゃると思います。

その際には制作会社に前章でピックアップした検索語句を見てもらい、Googleに伝えたい言葉を決めましょう。そのうえで「これらの言葉を画像内のalt(オルト)やDescription(ディスクリプション)だけ記載するのではなく、必ず表にテキストとして記載してほしい」と伝えてください(わからない方には、呪文のように聞こえますね笑)。

例外的にサービスや商品、メニューの場合には文章ではなく一覧でも良いですが、画像のベタ貼りにならないように注意してください。

▼他社掲載のページ

自社のホームページ以外にも、契約している予約サービスの店舗ページや地域ポータルサイト、業種まとめサイトなどの店舗情報ページもありますよね。

有料、無料いろいろありますが、せっかく情報が掲載されているなら、これらの情報も自社の公式ページと同じ様に意識して情報を整備してみましょう。

ここで注意点がひとつあります。ビジネスプロフィールで設定している「店舗名」「住所」「電話番号」など、基本的な情報を同じにしておいてください。そんなの当たり前なんじゃないの？　と思われる方もいらっしゃるかもしれませんが、Googleビジネスプロフィールでは店舗名を正式名称で設定しているかと思えば、別のところは愛称だったり、店舗名の一部が抜けていたり。住所もビル名の表記があったりなかったり。こういった状況になっていると、せっかくしっかりと情報整備をしたのに、Googleが「同じ店舗情報として扱わない」場合があり、うまく紐付けてくれないことがあるのです。ぜひ確認をしてください。

▼お店のＳＮＳページ

お店のＳＮＳページは公式ホームページ同様に、ビジネスプロフィールの基本情報の設定項目にある「ソーシャルリンク」からＳＮＳのＵＲＬを設定できるようになっています。きちんと設定することで、情報を記載しているＳＮＳページをビジネスプロフィールと紐付けることができます。

ここの機能は比較的最近実装された機能なので、昔登録して使っていない方は設定されていない可能性があるので、要チェックです。

▼ほかの方がＳＮＳやブログで言及してくれた記事

お客様がＳＮＳやブログで紹介してくれたり、取材を受けて記事になることもあります。これも検索の助けになるので、店舗名や住所、電話番号といった情報の記載を、ビジネスプロフィールと統一することをお願いしておきましょう。

特にＳＮＳは店舗名そのものを書いてくれず紹介されている場合もあるので、ハッシュタグに店舗名や商品名を入れてもらえるような工夫が必要です。

口コミでも情報は紐付く！

お客様に書いてもらえた口コミも、検索への紐付けの一助になります。読者の方の中には、そもそもネットの発信が苦手だったり、時間に余裕がなかったりと、さまざまな理由から苦手意識がある人も多いかもしれません。その場合には、まずは口コミを集めることからはじめてみるのもいいアイデアです。口コミの施策については、次の章で詳しく紹介します！

重要！　検索対策の施策で忘れてはいけないこと

この章では、「知らなければ行きようがないよね」という話から、Googleビジネスプロフィールの利用を中心に、お店の情報をGoogle検索に紐付けてもらうための手法をご紹介しました。

これは、どうしたら「Googleに評価されるか」という話です。

実は、もうひとつ意識しておかなければいけない対象があります。

それは何者でもない、お客様です。

「検索者（ユーザー、利用者）に評価される」ことです。

どんなにGoogleから評価されても、検索した人が魅力的に思ったり、興味を持って「いいな、行きたいな」と思わない限り、なかなか来店や売上にはつながらないでしょう。

Googleから評価される情報というだけでなく、情報を見ている未来のお客様にとって魅力が伝わる情報になっているかどうか。この視点も、これから情報整備を行うにあたって忘れないようにしましょう。

どうしても集客テクニックを意識すると、こういったお客様の興味や刺さるポイントをイメージせず、検索対策だけになってしまいがちです。

もちろん検索エンジンへの対策も大事なのですが、両方を意識して取り組むことが、集客力も売上も上げるためには重要なのです。

―第5章―

お店の印象も検索結果も左右する！
集客を後押しする「口コミ」はどう集めるのか

集客における口コミの重要性

近年、店舗ビジネスにおける口コミの重要性はますます高まっています。株式会社movが2022年3月に調査したデータでも、店舗情報が掲載されたサービスの中で、お店を決めるときに重視するポイントは「口コミ評価」とする人が最も多いという結果になりました。

考えてみれば、Googleビジネスプロフィールを使った投稿も、お店の公式ページも、お店側の意見のみで構成された情報です。ストレートな言い方をすれば、良いことしか書いていないのは当たり前で、言わば「宣伝」であることを、お店を探して検索している人はよく理解しています。

その点口コミには、お店側が意識していなかった「良かったこと」や、お店側の広告宣伝やPR文章には出てこないような「いまいちだったこと」「悪かったこと」など、実際に体験した顧客ならではの意見が書かれています。

そのため、お客様にとってはお店側の宣伝よりも口コミのほうが信用度が高く、お店選

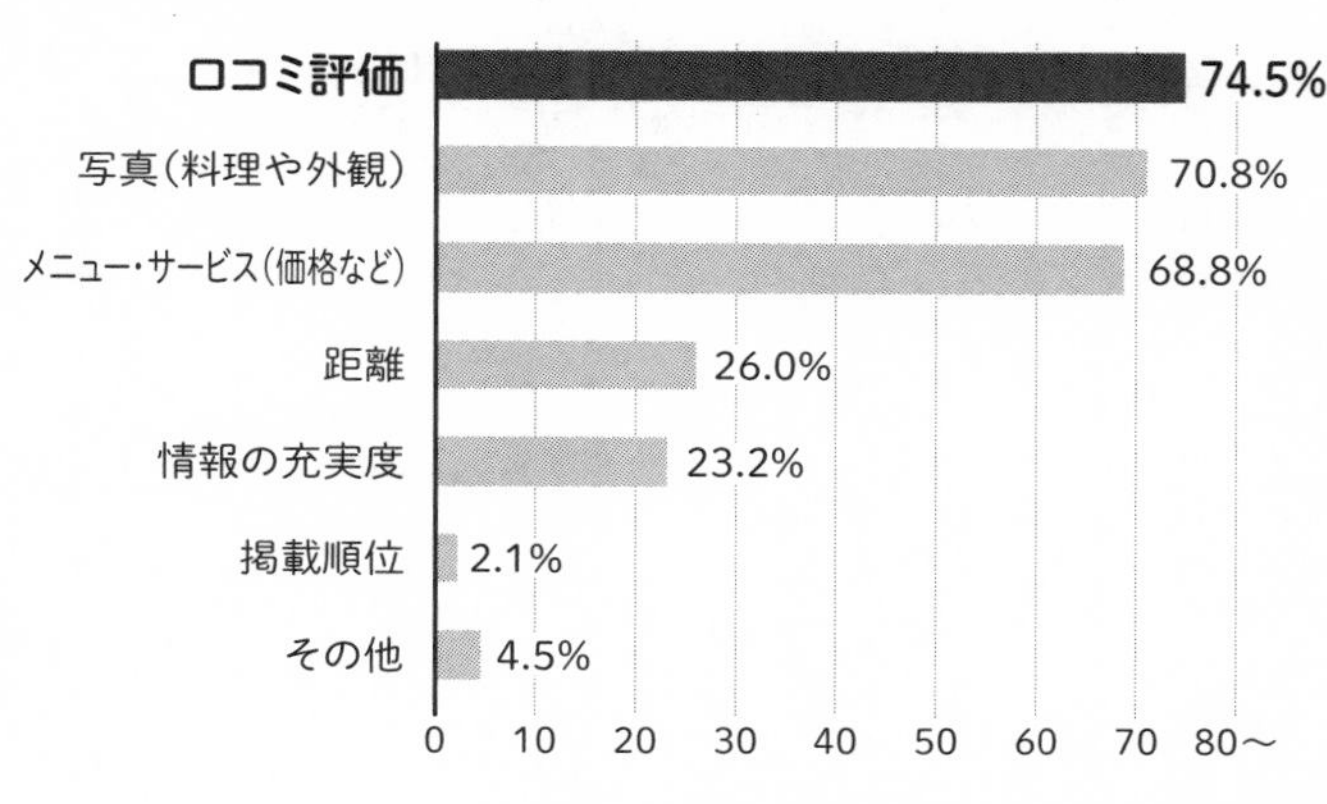

出典：株式会社mov口コミラボ／口コミコム編集部

びの参考にする人が増えているのです。

当然、どんな口コミやどんな状況でも集客につながるというわけではありません。口コミは検索した人がお店選びの参考にするものので、口コミを見た結果「来店しない」という判断に至ることもあります。

良くも悪くも、集客に大きく影響する要素のひとつなのです。

口コミは、お店の印象を左右する

先ほどお伝えした通り、口コミは良くも悪くも集客に大きく影響する要素ですが、実際には店舗の集客に、どのような影響を与えるのでしょうか？

口コミの要素を分解すると、「評価（星の数）」「口コミの件数」「コメント（口コミの内容）」になります。まずはこの3つの要素が、検索者にどんな印象を与え、どんな効果が得られるのかについて見ていきましょう。

▼評価（星の数）

☆4・0のお店と☆2・1のお店があったら、どちらに行きたいですか？　サービスの内容や現在地からの距離など、ほかの要素がほぼ同じだとしたら、ほぼ全員が☆4・0のお店を選ぶのではないかと思います。

もちろん星の数だけで決めるわけではありません。が、やはりある程度の評価をキープできていることは、第三者から商品・サービスの質が高いと評価されているとして、「信頼できるお店」という印象を検索者に与えます。

▼口コミの件数

口コミの件数も、多ければ多いほど人気店として認知されやすいと言えます。口コミ件数が1件で☆4・0のお店と、口コミ件数が100件で☆4・0のお店があったとしたら、

100件のほうがより多くの人に利用されているお店という印象を持たれやすいです。
実際は多くの人に愛されているのに、インターネット上の口コミが少ないばかりに……となっては、もったいないですよね。

業種業態や立地、エリアによっては、たくさんお客様が来ているのに、なかなか口コミが得られないお店もあります。そうするとあまり利用されていないと誤認されたり、情報が少なくて検索している人に興味を持たれない可能性も出てくるので、できれば口コミは多く入っているほうが単純に集客に結びつく要素が強化されます。

さらに、口コミが少ないと、その分1件の低評価な口コミがあった際に悪目立ちしてしまいます。一方、口コミが多ければ、批判的な口コミが1、2件入ったとしてもそこまで悪目立ちせず、大きな悪印象を与えることは防げるかもしれません。そういう意味でも、できるだけ多くの口コミがあることが集客の面からもお店を守る視点からも大切なのです。

▼コメント(口コミの内容)

Googleマップの施設情報には、お客様が評価（星の数）とともにコメントを入れて投稿できます。

お店を探すために検索している人がコメント内容を確認する目的は、「新しい情報を得る」「お店側の情報が信用できるか判断する」の2つでしょう。評価や件数の数字を見るだけではわからないこと、実際行ったらどんな印象を持ち、どんな体験ができるのかを確かめるために使われます。

当たり前ですが、後ろ向きなコメントよりは前向きなコメントのほうが閲覧者に好印象を与えます。コメントからお店の魅力が伝われば、来店意欲は上がるでしょう。言ってしまえば前向きなコメントは、お客様が第三者の視点でお店を応援、アピールしてくれているようなものです。

一方で、後ろ向きな低評価のコメントが集客に大きく影響するのかは内容によります。たとえば、本来お店がターゲットとするお客様が求めていないポイントによって、低評価になってしまっている場合です。飲食店であれば「スマホの充電ができない」「モーニングをやっていない」、小売であれば「値段が高い」「ノーブランドの商品ばかりを置いている」など。お店側が簡単には改善できないものや、場合によっては改善する必要がない内容もあるでしょう。

来店するかどうかは1個の低評価よりも全体的な印象で決まりますので、☆1や2の評価でコメントを書かれたとしても、場合によってはそこまで気に病まなくてもいい場合もあります。むしろ、いっさい低評価がないお店は不自然と考え、自作自演やサクラを疑う人すら出てきます。

ですので、たくさんの低評価コメントが続くようなら問題ですが、ある程度はお店をやっていればどうしてもあるので、気を取り直してどう対応するかを考えましょう。

口コミは、Googleの検索結果にどう影響するのか

Googleの口コミは検索者が抱く印象だけでなく、Googleもさまざまな視点で評価し、検索結果にも反映させています。

これは前の章でもふれた商品名やサービス、業種カテゴリなどと同じく、口コミも店舗情報に紐付けられることによって、検索結果の改善につながる要素だということです。

口コミは、お店を多くの人に知ってもらいやすい状況づくりに役立つのです。その仕組みはこちらです。

▼評価（星の数）、口コミの件数の影響

評価や件数は、Googleの検索結果に影響する要素のひとつになっています。

評価が高かったり口コミの件数が多かったりすると、「Googleはそのお店を人気店と認識し、より多くの人へ店舗情報を知らせようとしてくれる――そう考えるとわかりやすいでしょう。

ただ、これまでの章でお伝えしたように、検索順位は関連性や距離などさまざまな要素をふまえて決められているため、評価や件数が良いだけで優先表示されるような単純なものではありません。実際に検索してみると、評価が高い順に並んでいるわけではないことがわかるかと思います。

星の数や口コミの件数は、「Googleローカル検索の検索結果に影響するたくさんの要素のうちのひとつ」という程度に考えましょう。ただし重ねてになりますが、ある程度は口コミがなければ、見ている人の中には「人気がないお店」と思う方もいるので、そこも意識したいポイントです。

▼コメント（口コミの内容）の影響

口コミのコメントは、そこに含まれるキーワードが紐付けられたり、すでに紐付けられているキーワードとの関連性が高まったりすることによって、検索結果を改善する可能性のある要素です。

具体的な例として、中華料理店における「麻婆豆腐」というキーワードとの紐付けについて考えてみましょう。

Googleビジネスプロフィールやウェブサイトなどで麻婆豆腐について言及されていなければ、「麻婆豆腐」のキーワードではGoogleローカル検索やGoogleマップの検索結果には出てこない可能性があります。

しかし、「このお店の麻婆豆腐は○○だった」という口コミが入ると、Googleが麻婆豆腐をお店と紐付け、検索に引っかかるようになる可能性が高まります。その口コミのコメントをふまえ、「このお店は麻婆豆腐を取り扱っている＝麻婆豆腐と関連性がある」とGoogleが認識する、といえばわかりやすいでしょう。

ホームページやメニュー登録などで「麻婆豆腐」についてすでに言及しているものの、「麻婆豆腐」のキーワードでは検索に引っかからなかったり、引っかかっても競合店に埋もれていたり、引っかかったり引っかからなかったり不安定な場合もあります。その場合は「麻婆豆腐」に関する口コミが増えることで関連性が高まり、優先的に検索結果に表示されやすくなります。

店舗の状況によっては、この仕組みをふまえた工夫が集客に大きく役立つケースがあるので覚えておきましょう。

ただし、「Googleビジネスプロフィールの機能にある「お客様の口コミに対してお店からの返信ができる機能」に関しては、その内容がお店の紐付けにほとんど影響していません。返信に一生懸命キーワードを盛り込んでいる方がいますが、この部分はキーワードを意識するのではなく、返信を見てくださっているお客様や、検索して見にきてくれた方を意識して返信するようにしましょう。

自分の店舗の口コミは〝いい状態〟になっている？

口コミを店舗の味方につけるためには、まずはここでも「知ること」が大事です。自分の店舗をGoogleで検索し、口コミを見てみましょう。評価（星の数）は？　件数は？

内容は？　それぞれチェックしてみてください。

さて、自分の店舗の口コミを確認したみなさんへ質問です。その口コミ欄はいい状態でしたか？　それとも、よくない状態でしたか？　おそらく、ほとんどの方が「よくわからない」と答えるのではないかと思います。口コミ欄の良し悪しはどのように考えれば良いのでしょうか。

押さえるべきポイントは大きく3つあります。

①Google側からどう見えているか
②検索した人（お客様）からどう見えているか
③周りのお店と比べたときにどう映るか

まずはGoogleからの視点です。
口コミの内容がいろいろなことに言及されていて、バラエティ豊かな状態を目指します。これによって、何度もふれている通りGoogleがさまざまな言葉を店舗情報に紐付け、実際に検索に引っかかる語句が多彩になるなど、検索結果に良い影響をもたらします。

次にお店を探して検索している人の目線です。

これを見て、検索した人が行きたいと思うかどうか。検索者は、ただ単純に星の評価が高いとか、口コミの数が多いというだけで行きたくなるとは限りません（もちろんそういう方もいますが）。

行きたいと思う決め手になるポイントは人によっても違うはず。口コミを投稿したり、評価したり、コメントをしたりするシステムがインターネット上に登場してからかなりの年数が経過しています。

その結果「サクラの口コミではないか」と疑ったり、ただ単純に褒めた口コミが多いだけでは行かないという人も増えてきて、口コミを見る姿勢、判断材料は複雑化しています。

ですので多種多様な情報があり、さまざまなニーズに応えられるような口コミ欄にしていくといいのです。

最後の視点は、地域の視点です。

周りの店舗によって、与える印象が異なってくるということです。周りの店舗が数件しか口コミがない業種・エリアでは、数十件口コミがあれば「地域の代表的なお店なんだな」という印象を与えます。一方、周りの店舗が百件以上口コミがある業種・エリアであれば、数十件集めてようやく地域の中ではスタートラインといったところでしょう。

これらの要素を複合的に見て、自分のお店の口コミ欄は良い状態になっているのかを判断するといいでしょう。

集客を後押しする高評価と、そうではない高評価がある

基本的には口コミは高評価であるほど検索者とGoogleの両者から評価されやすい、とお伝えしました。しかし「基本的には」とした理由があります。高評価であるほど評価されるとは言えないケースもあるのです。

読者のみなさんも、お店を探している人として少し想像してみてください。「口コミが1000件集まっていて、すべて☆5のお店」があったら、どう思いますか？　なんだか怪しいと思いますよね。客観的な意見によって信頼度を高めるための口コミ欄なのに、その機能を果たさなくなってしまうのです。

高評価であれば確かに、これまでお伝えしてきた仕組みによってGoogleからの評価が高まり、検索結果にいい影響はあるかもしれません。でも、最終的に来店するかどうかを決めるのは「人」です。

実際、口コミの自作自演や捏造されているお店を見かけることはあります。集客のつもりでやっていることが、マイナスの影響を生んでしまうこともあると念頭に入れておきましょう。

ちなみに口コミ投稿代行などのサービスの是非を問うたり、問題視、規制する動きは年々厳しくなっています。サクラによる口コミによってGoogleのポリシーやガイドライン違反としてGoogleビジネスプロフィールやGoogleアカウントそのものが停止される報告も急増しています。

2023年10月から景品表示法にいわゆる「ステマ規制」（ステルスマーケティング：広告であるにもかかわらず、広告であることを隠すこと）が追加され、Googleのガイドラインだけではなく、金銭的なメリットで口コミを書いてもらったりする行為は法律的に問題となる可能性も出てきました。

方法を問わず高評価な口コミだけを収集しようと考えることは、お店の社会的信頼を大きく落とすことにつながってしまうので、集める手法は慎重に検討してください。おすすめの方法や細かい注意点はのちほど解説します！

口コミから改善点を把握しよう

現在集まっている口コミの中身を、さらに詳しく見ていきましょう。多少感覚的な部分もありますが、次のような観点で口コミの内容を判断すると良いでしょう。

・口コミに、商品やメニューやサービスを紹介、評価するものが集まっているか
・興味をもってくれたり、来店・予約したくなるような内容が集まっているか
・批判的な内容やクレームはどのようなものか、そしてそれは事実か事実でないか
・誤解を生む内容はないか

この中でも特に課題が大きいと感じる部分から、優先的に改善に向けて取り組んでいきましょう。

そして先ほど挙げた、地域の目線。いわゆる競合するほかのお店とくらべて口コミが充実していないなら、まずは口コミをお客様から集めることが先決です。これによって、情報は豊かになり、検索結果にも選んでいる人にも良い影響をもたらしてくれます。

これから紹介する方法を参考にしながら、人とGoogleどちらに対しても、お店の信頼度を高めていきましょう。

集客を後押しする声掛けで、口コミを集める

口コミを集める重要性はわかったものの、問題はどうやって集めるのか――それが多くの方の課題だと思います。多種多様なやり方があるため、すべては書き出せませんが、代表的なものは次のような方法です。

【例】
・会計時に「口コミの記入をお願いします」とお客様に直接声をかける
・レジ前やテーブルなど、お客様の目に入りやすい場所にＰＯＰを掲示する
・商品と一緒に、袋に口コミ投稿をお願いするチラシなどを入れる

・口コミの記入を促すひと言をショップカードに記載する
・メルマガ会員へメールで広報する…など

ポイントになるのは、お客様に直接声をかけるタイミングがあるかどうか、お客様の滞在時間はどのくらいか、店舗の接客オペレーションとして、どのくらいの手間をかけられるか。適切な集め方はお店によって違ってきます。

たとえば美容室など接客時間が長い場合は、その際に口コミ投稿について話すのが有効です。ファミリーレストランやホテル、タクシーなど、接客する時間はそこまで長くないものの滞在時間が長い業種業態ならテーブルや客室、車内などに口コミ投稿の案内を置いておくのが良いでしょう。

一方で、小売店など、滞在時間も接客時間もそこまで長くない業種、業態なら、お金を支払うタイミングが効果的です。レジでの接客時にひと言添えたり、レシートに印刷しておいたり、商品を入れる袋に案内を同封したりするなど、やり方はさまざま。現場の負担、導入のしやすさ、準備の手間などをふまえ、自分の店舗に最適なやり方を見つけましょう。

なお、どの業種でもできるのは、来店後の呼びかけです。どうしても来店時のアクションが難しい場合はもちろん、来店時の依頼に重ねるかたちでサンクスメールや公式ＬＩＮＥ、ＳＮＳなどで呼びかけると良いでしょう。

また、口コミを集める際には、より具体的な内容の口コミを書いてもらえるような工夫も必要です。星の評価だけでも口コミ投稿はできてしまいますが、得られる情報が少なく、できればコメントがあるほうが良いので、コメントを書きやすい状況を作るのです。「ぜひ食べた（体験した、買った）○○（料理、商品）についての感想などを自由にお書きください」といった声掛けや案内などが効果的です。

お客様にとって口コミが書きやすくなるほか、内容も充実します。件数を集める上でも、口コミが書きやすい状態をつくることは重要です。

お店の口コミを集めるＱＲコードを作ろう！

声掛け運動も効果的ですが、さらに口コミを書きやすくするため、Googleに掲載された店舗情報にカンタンにアクセスできるＵＲＬを発行しましょう。

それを元にＱＲコードを作り、ＰＯＰ、チラシ、メッセージカードなどに印刷します。

本日はご来店ありがとうございました。ご満足いただけましたでしょうか？

よろしければ、食べたメニューの感想についてご投稿いただけますと幸いです。

レストランmov

手順は非常にカンタンです！

手順1　共有ボタンを押して、ＵＲＬを発行

Google検索で自身のお店を検索します。その店舗情報にある「共有」を押すと、お店の情報に飛べるＵＲＬを発行できます。メルマガやＬＩＮＥなどで口コミを募集する場合には、これをそのまま使います。

手順2　ＱＲコードにする

ＱＲコードは、無料でカンタンに作ることができます。Googleなどで「ＱＲコード作成」などの語句で検索すると、ＱＲコードが作成できるサイトが多くヒットします。

手順1のＵＲＬをコピーし、作成サービスの所定の欄に貼り付け、作成ボタンを押すだけ。これでＱＲコードができあがります。

手順3　印刷物にする

保存したＱＲコードを使って印刷物にしましょう。カンタンなものならご自身で文書作成ソフトに貼り付けてもできます。もし、知識的にハードルが高かったり、こだわりたい場合は制作会社にショップカードやチラシ作成などと同じ要領で依頼してもいいでしょう。

Googleの口コミを集める際の注意事項

多少強引にでも口コミの件数を集めたくなったり、ネガティブな口コミが少なくなるようにコントロールしたくなったりする気持ちもわからなくはないですが、先ほどふれた通り、〝やらせ〟や自作自演の口コミはさまざまな観点から非常に大きな問題があります。

Googleも「(ネガティブなものも含めて) すべての口コミを大切に」と公式に発表しています。そして、「高評価な口コミを依頼する」「自作自演で口コミを投稿する」「報酬と引き換えに口コミを依頼する」ことなどは禁止されています。禁止事項を行ってしまうと、情報が停止されるだけでなく、回復もできなかったり、最近では法的な問題もあります。

【禁止事項】

▼高評価な口コミを依頼する

口コミの投稿を依頼する際、☆5の評価にするよう頼むなど、高評価の依頼は禁止されています。

▼報酬と引き換えに口コミを依頼する

口コミを投稿する見返りに、金品などの報酬を提供することは禁止されています。

▼自作自演で口コミを投稿する

従業員など、利害関係者が口コミを投稿することは禁止されています。ガイドラインでは、口コミの投稿者は実際に来店して商品を買った人やサービスを体験した人に限られます。

Googleはアカウントの挙動を常に監視しており、何らかの違反が特定された場合、口コミが非表示になったり削除されたりするほか、Googleビジネスプロフィールの情報の掲載の停止、もしくは運用しているGoogleアカウントそのものが停止されるケースすらあります。

また先述した通り、２０２３年10月より景品表示法に、いわゆるステマ規制が追加されました。ステマ規制とは、「広告であるにもかかわらず、広告であることを隠す」ような、「消費者の自主的かつ合理的な商品・サービスの選択を妨げる」広告を規制するもので、事業者側が有料で行う口コミ施策も法律違反の対象となる可能性があるのです。

「口コミ☆5投稿で１００円引き！」といった取り組みは、事業者側が表示内容の決定に関与していることから景品表示法に違反する可能性が高いです。「口コミ投稿でクーポンをプレゼントします！」といった謝礼の提供についても、直ちに法律違反となるわけではありませんが、場合によっては、その他の客観的な状況をふまえて法律違反となる可能性も否定できないので注意が必要です（法律監修：白井佑弁護士〈神奈川県弁護士会所属〉）。

そのサービスのルールと法的なルールを守ってこそ公開停止や炎上、法律違反による社会的損失といった社会的リスクからお店を守ることができます。口コミはしっかりと正しい方法で集めていきましょう。

集まった口コミに返信をしよう

口コミをもっと集客に役立てるなら、口コミに返信するという方法もあります。Googleビジネスプロフィールには店舗情報に書き込まれた口コミへ返信する機能が備わっています。

チェーン店の場合は本部と現場が連携する必要があって、仕組み上、返信することが難しいことも多いようです。ですから、小さいお店ではむしろ、口コミの返信はチャンスです。返信機能を活用し、集客力をより一層高めていきましょう。

ただし、単に返信すればいいという話ではありません。

「返信」というとメールのような1対1のコミュニケーションをイメージするかもしれませんが、口コミの返信内容を見るのは投稿者だけではありません。お店を選ぶにあたって口コミを見るとき、ほとんどの人がお店からの返信内容も参考にしています。

つまり、口コミへの返信内容は投稿者を含む不特定多数の人が見るものなのです。投稿者はもちろん、店を探している人がその返信を見てどう感じるか？　口コミの返信からどんな情報を受け取ってもらいたいか？　を考えて返信することが大切です。

「口コミ投稿ありがとうございました。またのご来店をお待ちしております。」といった決まった文章での返信ではいまいち。定形文のようで、投稿した人にとって喜びや発見は少ないですし、不特定多数の人にとってもお店に関して得られる情報がないからです。

「今回食べていただいたラーメンは、シメにご飯を入れてスープを絡めると最後まで楽しんでいただけますよ！」と口コミの内容をふまえてコメントをしたり、「来月には新メニューが登場予定なので、ぜひまたご来店ください！」と返信を見た人の役に立つ情報や、興味を持つような情報を記載すると良いでしょう。

飲食店ならよりおいしい食べ方、美容院ならサービスのこだわり、宿泊施設なら周辺の観光情報など、お客様の立場に立って知りたい情報や嬉しい情報を盛り込むのがポイントです。

「そうは言っても、自分はそんなに文才があるほうじゃないし……」という方もいるでしょう。そんな方は、接客時にお客様に何か聞かれたら、なんと答えているかを思い返して文字にしてみてください。スマートフォンなどで音声録音しておいて、それをそのまま文字起こしするのもいいでしょう。

いつもみなさんが接客しているその返答には、実はどこにも書いていない情報が多く含まれているのです。そういうことを飾らずに書くだけです。

また、口コミへの返信機能を使って、キーワードの関連付けなどの検索対策を行いたいと考えている方もいると思います。

重ねての注意喚起になりますが、筆者がこの仕事を長くやってきた中で、この口コミの返信で検索結果などに影響があるほどの変化が見られたことはありません。そのため、検索結果の順位を上げる目的ではなく、口コミを見ている人のほうを向いて、その人たちに情報を伝える目的で返信しましょう。

悪評にどう立ち向かう？ ネガティブコメントへの返信の仕方

違反行為などをせずに口コミを集めようとすると、お店側に落ち度はなくても、お客様の誤解などによって悪い評価をされる可能性はあります。もしくは、単純に悪印象を持たれて書かれる場合もあるでしょう。

ネガティブなコメントがついてしまった場合、一体どのように対応すれば良いのでしょうか。状況別に対応方法を整理すると、左ページの図のような流れになります。

返信を考える際には、まず口コミの内容が事実なのかを確認します。スタッフやお客様情報を確認しながら、口コミの内容の事実関係を洗い出します。事実でない場合や、表現が度を超えている場合、そして誹謗中傷に類する場合は、返信の前にGoogleに問題報告を行います。

口コミの問題報告は3つあります。

①Google Maps等の口コミ欄の右上「…」から報告
②ビジネスプロフィールの管理ツール
③法的な問題報告

①は第三者目線、②はお店からの報告、③は法律の専門家を交えての報告、となります。これら問題報告の方法は、ほとんど知られておらず、実際、口コミ管理ツールは通常の管理画面からは分けて作られていて、わかりにくい場所にあります。

■ネガティブな口コミへの対応チャート

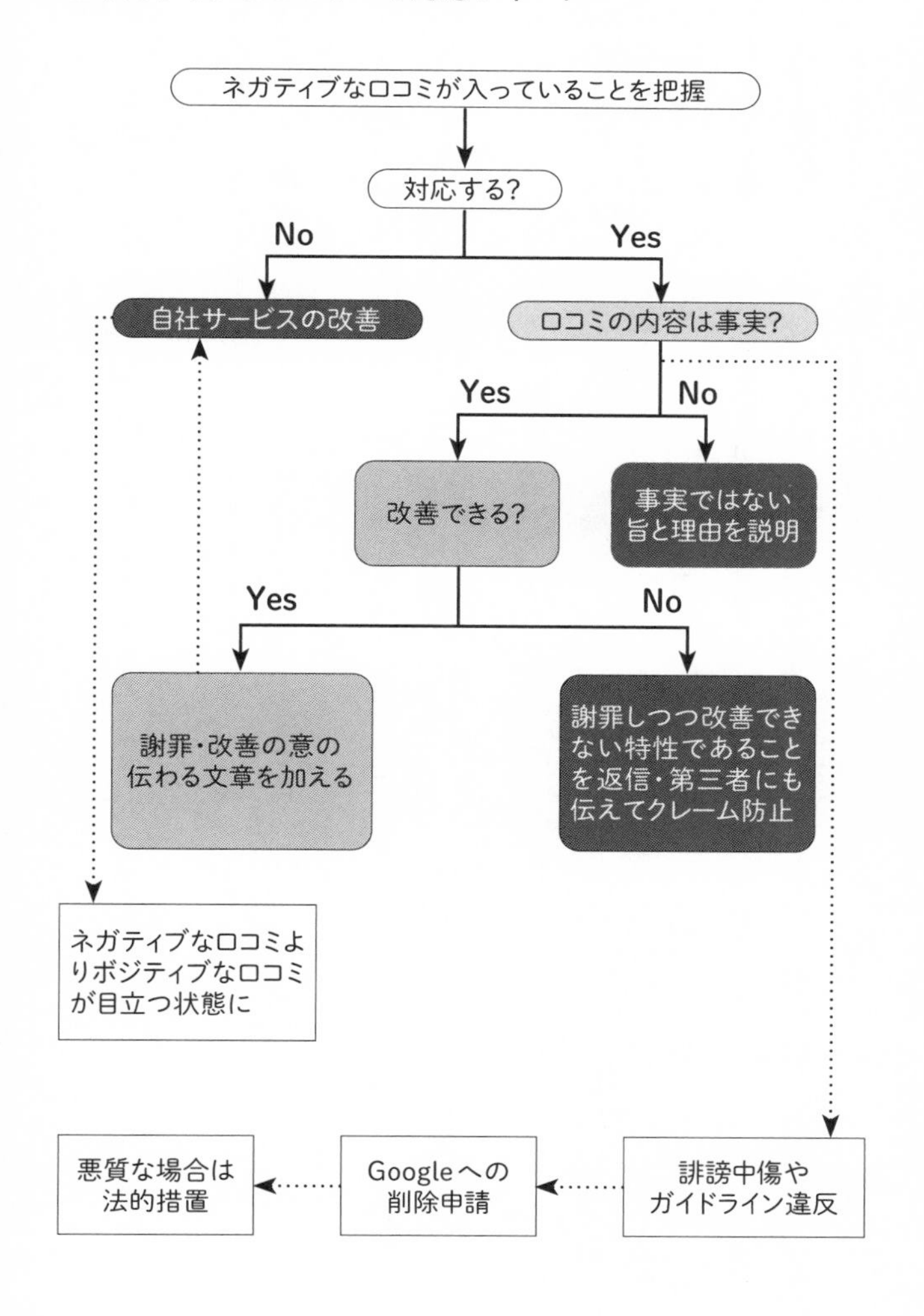

◎口コミ管理ツール

https://support.google.com/business/workflow/9945796?hl=ja

ちなみに、法的な問題報告はこちらのページで行います。

◎法的な理由でコンテンツを報告する

https://support.google.com/legal/answer/3110420?hl=ja

この3通りの方法は、報告する内容や項目が違います。どれが優れているというわけではなく、問題に合わせて組み合わせたり選択したりしてください。

さて、実際に返信する際、事実でない口コミにはどう返信すればいいでしょう。

虚偽だという明白な理由がある場合には、「○○といったメニューは当店では取り扱っておらず、お店をお間違えでないでしょうか」などと書くと、それを見ている人にも理解してもらいやすくなると思います。決して、喧嘩腰にならないようにご注意ください。それを見ている検索者の方々に悪印象を与えてしまいます。

本当に間違えて投稿していた場合には、その返信によって口コミを投稿した人が気づき、削除してもらえる可能性もあります。

たとえ口コミ投稿者に非があったとしても、「法的措置をとります」というような投稿者を煽るような表現や、「間違っています」など投稿者を頭ごなしに否定するような表現、高圧的な表現などは避けましょう。

また、指摘された問題点やトラブルが思いつかない場合もあります。この際には「スタッフやお客様情報で確認をしてみましたが、その内容が確認できませんでした。事実であれば問題なので、お店にご連絡ください」といった形で返信すると、問題解決に動いた姿勢が伝わり、印象が良くなります。

では事実だった場合は、どう返信するのがいいでしょうか。

改善の余地がある場合は、当然ですが、改善していくことを伝えましょう。最初から最後まで謝罪に終始するのではなく、「改善のヒントにさせていただきます」とか、「改善しました」という報告をすることで、それを見ている検索者の方も好印象を持ってくれます。

実際に指摘事項を改善したところ、「次に行ってみたら改善されていました」と追記、評価を☆5に変更してもらえた事例もあります。真摯な姿勢はお客様にも伝わるものです。

そして最後に、改善できない点への指摘に対しての返信です。

たとえば「値段が高い」といった指摘については、その理由をきちんと伝えます。具体的にはその理由にもよりますが「当店は原材料をすべて国産のものを厳選して使うことにこだわっております」といった形での返信を通じて他の閲覧者へも伝えることで、お店の理解をしていただき、少しでも不満や問題発生を防止できます。


店舗の建物が「古い」、といった指摘もよく見かけます。

この場合には謝罪をしても仕方がないので、「創業○年で昔から営業しております」とか「清掃活動はしっかりしておりますのでご安心ください」などと返信すると、新たな魅力も伝わり好印象です。


筆者は基本的に、返信するかしないかの二択であれば、可能ならしたほうがいいと思っています。

特にネガティブな口コミには基本的に返信したほうが良いでしょう。悪感情を持たれた場合、誤解があるなら解いたほうがいいですし、考えを伝えることによって、やっぱり行こうかな、と思ってもらえることもあるからです。これは口コミ投稿者本人もそうですし、それを見ている検索者の方々に対してもそうです。

ただしチェーン店などの場合、ルールや状況によって、返信対応ができないということもあるでしょう。

状況によって判断する必要はありますが、返信しないよりは返信したほうがいいということを前提に考えると良いでしょう。

〝星だけの口コミ〟への対応

Googleの口コミは、コメントなしで星だけでも評価ができます。そのような口コミにも返信をしたほうが良いのでしょうか？

結論から言うと、こうした口コミには、必ずしも返信する必要はありません。星だけの評価をする場合、お店側とコミュニケーションを積極的に取るつもりがない可能性もあるからです。

ですが星だけの評価に対しても返信することで、それを見てこれから行こうか悩んでいる第三者に新しい情報や好印象を与えられることもあります。低評価の場合も、ネガティブな評価にも真摯に向き合っているという姿勢を第三者にも伝えられるでしょう。

もし良い評価に返信する場合は、感謝の言葉と再度来店を促す表現、関連情報などを入れて返信しましょう。コメントがある場合の返信と考え方は同じです。

悪い評価に返信する場合は、来店いただいたことへの感謝に加えて、低評価とした理由を尋ねるのも良いかもしれません。「当店ではお客様の声を第一にサービスを改善していますう。もしよろしければ、今後の改善のために、どのような点がご不便を感じられたか教えていただけますでしょうか。ご意見をお伺いできれば幸いです」というような文言が考えられます。理由を追記してもらえたらサービス改善に活かすこともできるでしょう。

いずれにせよ、星だけの評価に限らず、投稿されたさまざまな口コミ全体に対してどのように対応するか、店舗としての方針をあらかじめ決定しておくことをおすすめします。

過去の古い口コミへの対応は、どうすればいいのか

1年も2年も前に投稿されたような古い口コミも、多くの人が対応を迷うケースのひとつでしょう。結論としては「余裕があるなら返信」を推奨します。

昔の口コミによる誤解を防ぐ効果が期待できますし、返信によって口コミの投稿主が「また行ってみようかな」という気持ちになるなど、来店のきっかけにつながるかもしれません。

とはいえ、かなり前に投稿した口コミにいきなり返信されると投稿主はびっくりしてしまうかもしれませんので、「最近Googleビジネスプロフィールを導入し、口コミ返信できるようになったので、かなり前に投稿いただいた口コミではありますが、返信させていただきます」のような一文を添えると良いでしょう。

ただ、古い口コミへの返信対応の優先順位は高くありません。すでに口コミが大量に投稿されていたり、業務が忙しく口コミに対応する時間が限られていたりする場合には、昔の口コミまでさかのぼり、すべてに返信するのは難しいでしょう。

例外があるとすれば、やはり誤解を招くような悪影響を及ぼしやすい口コミです。こちらは古くても返信をするようにしてください。

―第6章―

大事なのは「来店までの流れ」を考えること

SNSやチラシ、自社サイトも味方に！

チラシやSNS、Webサイトはやらなくていい⁉

みなさんは、インスタやXなどのSNSや自社ホームページを集客目的で使っていますか？　あるいは、チラシを作ったりしていますか？

これまでの章では、集客やその先の売上につながるGoogleビジネスプロフィールの効果的な取り組みについてお話ししてきました。

では、SNSやチラシなどは活用しなくていいのでしょうか。

もちろん、そんなことはありません。Googleビジネスプロフィール同様、集客に大きな力となってくれます。

実は、GoogleビジネスプロフィールとSNSやチラシなど他のツールとの連携効果で、売上が飛躍的に伸びたという例はたくさんあります。

筆者が日々店舗の集客について相談を受ける中で、「アナログな集客はもう古い」「デジタルの時代だからアナログな集客から脱却」といった考えを持つ人が少なくないと感じます。

もちろんそう言える側面もなくはないのですが、集客施策において最も大切なのはその活用方法です。アナログかデジタルか、そのこと自体は問題ではありません。

たとえば、チラシ。昔からお店の存在をアピールするために定番の集客方法として使われています。

一方、インターネット登場に前後し、バブル崩壊やリーマンショック、そして新型コロナウイルスの流行など、インターネット流行の歴史は日本の景気が厳しくなった時代とともに今まで歩んできたと言えます。その中で、無料でできるインターネットの集客方法に注目が集まったのは自然な流れでしょう。

チラシでの集客は、デザインや印刷の費用、配布代などの経費を考えなければいけません。ですので、Googleビジネスプロフィールのようなデジタルサービスを使って集客する方法は、今の時代に合っています。

しかし、優先順位が下がったとしても、チラシなどの印刷物が効果や役割、立場を失ったかというと、そうではありません。

お店を知ってもらう手段として、周辺地域へのチラシのポスティングなどは、今でも非常に有効です。

その内容をデジタル施策と連携すれば、さらに効果を高めることができるでしょう。たとえば、Googleビジネスプロフィールの口コミを充実させる施策はデジタルの領域ですが、来店した人に口コミの記入をお願いする施策はアナログの領域です。

この例からわかるように、あらゆる集客施策を「アナログ」「デジタル」で区別して是非を決めるのは非常にもったいないことです。

とはいえ、闇雲にインスタやXで情報を発信したり、予約サイトなどに有料で店舗情報を掲載したり、ただチラシを配るだけでは、なかなか集客や売上にはつながらないことも多いでしょう。連携効果どころか無駄な作業や出費を重ね、最終的に何の結果も出なかったという事例も少なくないのです。

しっかりと結果に結びつけるには、まずは、そのツールの効果的な使い方を「知ること」が大切です。

この章では、そういったGoogleビジネスプロフィール以外のツールについてどう考え、どう活用すればいいのかをお伝えします。

お客様はどういう流れで来店するのかを考えよう

Googleビジネスプロフィールに限った話ではなく、お客様にたくさん来てほしいと望むなら、まずは「お客様の来店までの流れ」を知り、意識することが重要になります。

今回はインターネットを介した、「お店を知って利用するまでの流れ」を、次の2パターンに整理してみます。

A 検索からの流れ（検索でお店を知る場合）

①調べる（検索する）
②知る
③興味を持つ
④行きたい欲求
⑤来店
⑥お店とつながる（再来店）

B SNSや広告からの流れ（検索以外でお店を知る場合）

①知る
②興味を持つ
③行きたい欲求
④調べる（検索する）
⑤来店
⑥お店とつながる（再来店）

この2パターンはどちらも、調べるタイミングが違うだけで、どんな方でも大体はこの流れをたどります。

まず「知る」ですが、お店のことを知らなければ行きようがないですよね（当たり前ですが）。

つまり、どこでどうやって知ってもらうことができるのかが鍵、と言い換えることができます。

次も同様です。知る機会があっても興味を持たれなければ、そして行きたいと思わなければ来店には結びつきません。

「集客がうまくいかない」と感じている方は、このどこかで流れが止まってしまっていたり、欠けているのかもしれません。

①～⑤の流れを自身のお店に当てはめてみてください。よくわからない点があれば、それが「まずは状況を把握すべき点」。うまくできてない点があれば、それが「強化すべき点」です。

自分たちのお店への来店の流れを把握し、効果的に集客や売上につながるであろうポイントを見つけることが、重要な第一歩となります。

この「お客様の来店までの流れ」をまとめたが173ページの図です。

大きく分けると、「事前に知る」「調べる」「再来店」の3つの要素に分解できます。

みなさんのお店は、これらの要素にある集客媒体の何を使っているでしょうか。

先ほどのお客様の流れもそうですが、それぞれの集客媒体の役割を理解して使うことで、集客の効率を上げることができます。

少し解説すると、まず第一に前章まででご紹介したGoogleビジネスプロフィールは主に「検索」の受け皿としての役割を担っています。

Aの行くお店を検索で知る場合の流れに当てはめると、Googleビジネスプロフィールで管理する店舗情報が検索に引っ掛かり、お店を「知る」ことができます。

そして、店舗や商品の魅力が伝わるような投稿記事や口コミがあれば、「興味を持つ」や「行きたい欲求」にもつながります。

あらゆるサービスから来店への流れを作る

173ページの「お客様の来店までの流れ」をもう少し詳しく見ていきましょう。

まず、「事前にお店を知る」ことができるサービスから考えます。

図のように、この部分はSNSやチラシ、広告などがそれに当たります。SNSはシェアされたり、タイムラインに表示されたり。チラシはポストに投函されていたり、駅前で配られていたり。そして、お店や商品、メニューを知った方は、行き方を調べたり、もっと情報を得るために手元のスマホを使い、お店の名前やメニュー名で検索してくれる場合

■お客様の来店までの流れ

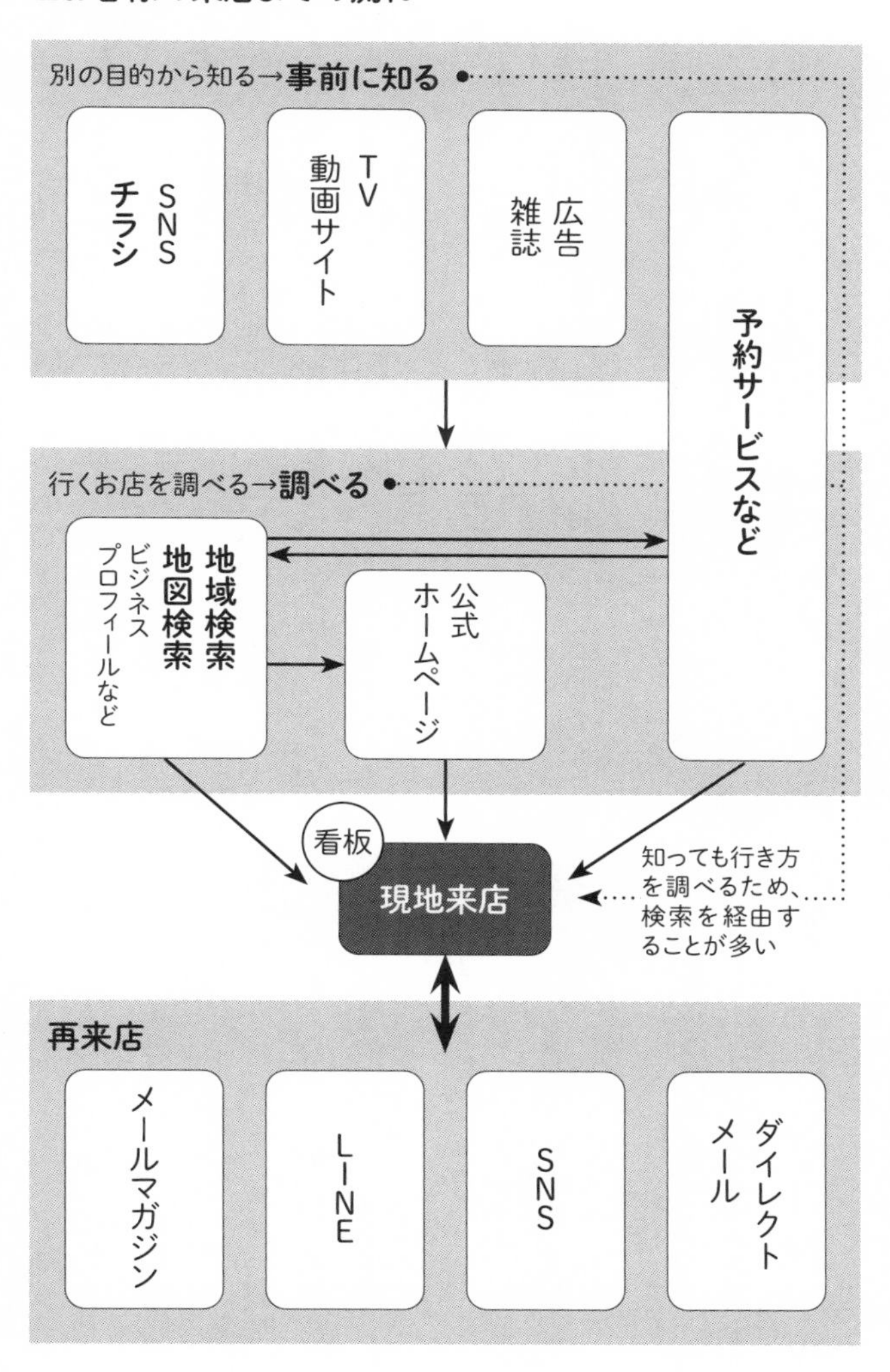

もあります。もちろん面倒くさがって検索してくれない場合もあります。

そんなときの対策として、ＳＮＳの記事に、ビジネスプロフィールのＵＲＬを貼り付けるといいでしょう。少しでも興味を持った方が、検索しなくてもGoogleマップの店舗情報に移動できます。

チラシならどうでしょうか。そう、ＱＲコードを作れましたね！　これをチラシに載せて、「ここからカンタンに経路検索できます！」とか「さらにオトクなクーポンや最新情報はこちら！」といった気になるフレーズを添えておけば、そのまま経路案内も最新情報も閲覧してもらえます。

どちらも前の章の口コミの集め方のときに紹介した方法の応用です。

再来店のキッカケを作ったり、お店を広めてもらう

次に「再来店」についてです。お店に一度足を運んでくれたお客様が、ＬＩＮＥやＳＮＳをフォローしてくれたり、メルマガ登録してくれたりすると、お店はそれらのツールを通して再来店を促すことができます。

少し横道にそれますが、ＬＩＮＥやメルマガは特にそうですがＳＮＳも、相当エンターテインメント色が強い楽しいものでない限り、初来店前にフォローしてもらえないのが現実です。ですので、お店のフォロワー登録者などを増やすのは、実際にお店に来店したタイミングでの登録が中心になります。

来店時にＬＩＮＥやメルマガに登録してもらえれば、お客様は最新情報をそこで確認できるようになるので、再来店を促すための役割を十分に果たしてくれます。

さらにInstagramやFacebook等のＳＮＳは、「ほかの人に広めてもらう」という重要な役割があります。

ＳＮＳでお店での体験を投稿していただく際は、ぜひお店の名前や料理名や商品名にハッシュタグ（例：#居酒屋ながやま）を付けてもらえるように、店内ＰＯＰやメニュー、ショップカードにその旨を記載しておくといいでしょう。

ほかにもお客様がブログをやっていて、記事として店舗名や商品名などを記載してくだされば、検索エンジンに対してもお店が引っかかるための一助になります。

お店に来店された際にＳＮＳやＬＩＮＥ、メルマガに登録してくれた方は、少なくともお店に何の興味もない人ではありません。ということは、Googleマップなどに口コミを書いてくださる可能性が高いのです。

お客様とせっかくつながれているので、ぜひ口コミにお店の感想も書いてもらいましょう。

公式ホームページの役割と発信、連携のポイント

店舗の公式ホームページは、自分たちの店舗やサービスの魅力、特徴をアピールする上で有効な手段のひとつです。ただし、その役割は業種業態や地域などさまざまな条件によって変化します。

これはお店のホームページを訪れる理由を想像するとイメージしやすくなります。予約を受け付けている、または予約推奨、予約必須の業種業態の場合は、公式ホームページが来店前に最後に訪れる窓口となるでしょう。

とするならば、予約ページへの誘導が必須になります。ＳＮＳやチラシ、Googleビジネスプロフィールなどを使って誘導することになるでしょう。

一方、特に予約を受け付けていない小売店や飲食店の場合は、来店までの流れで考えると、ホームページは必須でないと思われるかもしれません。

実際、「お店のPRはGoogleビジネスプロフィールでやればいいし、それがホームページ代わりになるので、実際の店舗公式ホームページは不要」といった論調の記事も見かけます。

では、本当に不要なのかというと、そんなことはないのです。

たくさんのGoogleビジネスプロフィールを見てきたのでわかるのですが、ホームページのURLを設定していると、どんな業種であっても一定数、ビジネスプロフィール経由でホームページへのアクセスがあります。

これは何を意味しているのかというと、「興味が湧き、もっと詳しく知りたい人は、何かもっと情報がないかとホームページに足を運ぶ」ということなのです。

Googleビジネスプロフィールは、ホームページのように自由にページ構成が決められるわけでも、長い文章でこだわりの内容を書くことも、ほとんどの人が必要ないけれど、人によっては知りたい内容なども、記載するには向いていません。

書けなくはないのですが、相当に興味が湧いた人でなければ、ビジネスプロフィールの長文は飛ばされがちです。そういった情報は、ほとんどの人には邪魔なのです。

そういう内容は、ホームページに記載して発信することで、役割を分けることができます。Googleビジネスプロフィールでは店舗の特徴や魅力を端的に、そして公式ホームページではもっと知りたい人向けの受け皿になる情報を、と棲み分けると良いでしょう。

さらに4章でもふれましたが、ホームページの役割はほかにもあります。Googleなどの検索エンジンに情報を伝え、関連性を強化する「検索対策」です。

ビジネスプロフィール以外の情報も、Googleは業種や取り扱っているメニュー、商品、商材などを紐付ける情報源にしてくれます。そのひとつにホームページがあり、お店を探している人が自分のお店を見つけるための一助になってくれます。

口コミサイトやポータルサイトへの掲載の必要性

飲食店なら「ぐるなび」「食べログ」「ホットペッパー」など、宿泊施設なら「じゃらん」「楽天トラベル」「Yahoo!トラベル」など、口コミサイトやポータルサイトへの有料掲載をすでに活用されていたり、一度は契約を検討したことがあるのではないでしょうか。

第1章で、集客施策では何よりもGoogleビジネスプロフィールの優先度が高いとお伝えしましたが、店舗の公式ホームページと同じく、こういった外部サイト、外部サービスへの掲載も意味がないということはありません。


店舗の公式ホームページの検索対策と同じく、特定のキーワードとの関連性を高める上で力になってくれるのです。そしてこういったサイトは、サイト自体にファンや会員が大勢いることも多く、これもまた違う面からの集客源になってくれます。

ただし、有料契約が必要になるものも多いため、何でもかんでも契約を推奨するわけではありませんが、店舗の集客における課題や予算などによっては、非常に有効に働きます。

最近ではこういったサイトはGoogleビジネスプロフィールとの連携を強化していてGoogleマップから直に予約などができるようになってきています。まだまだ使い所が難しいですが、より便利になっていく機能だと思います。

ほかの地域検索や地図サービスには、どんなものがある？

Google以外の検索エンジンであるYahoo!やBingにも、Googleビジネスプロフィールのようなツールがあります。Yahoo!プレイスとBing Places for Businessです。

Yahoo!プレイスは、「Yahoo!検索」、Yahoo!の地図情報サービス「Yahoo!マップ（旧：Yahoo!地図）」などと連携しており、それらの店舗・施設情報をオーナーとして管理できるものです。Bing Places for BusinessはWindows標準の検索エンジンで、同じように「Bing検索」や「Bing地図」といったサービスと連携して管理できるようになります。ほかにも、iPhoneやiPad専用の地図アプリの店舗情報を管理できるApple Business Connectもあります。

Googleビジネスプロフィール同様に、これらのサービスも登録や利用にあたって費用は発生しません。機能も似ているものが多く、口コミ返信機能やアクセス解析機能など、Googleビジネスプロフィール同様の使い勝手です。

ですが、第1章でお伝えした通り、Googleとは利用者数に圧倒的な違いがあります。ですので、単純に情報発信の影響がそこまで大きくはないのです。

ただ、以前は日本ではYahoo!が主に使われていたことを考えると、またYahoo!が主流になるかもしれませんし、別の検索エンジンや地図サービスが主流になるかもしれません。

その可能性を考えると、余力があるならば、いつか来るかもしれないときのためにYahoo!プレイスやAppleマップでの対策も同時に進めていくのがベストではあるでしょう。検索対策や口コミ対策などは〝1日にして成らず〟だからです。隙をなくしておくことが未来の大きな力になるかもしれません。

また、「Googleに比べ少ないとはいえ、日本ではYahoo!やAppleマップなどほかの地図サービスも一定数使われています。シェアから単純に考えれば100人お店を探している人がいれば、1〜2割程度の人はそういった別のサービスを使っていることになります。

もちろんGoogleが最優先ではあるのですが、余裕があれば取りこぼしを防ぐ意味でも、間違った情報を書き込まれてクレームに発展するのを防ぐ意味でも、登録や情報整備をやっておく意義は十二分にあります。

シェア的に少ないサービスとはいえ、すべて合わせると総数の1割を超える利用者がいるわけですから、売上改善につながる要素のひとつであることは間違いありません。

余裕があればぜひ取り組んでみてください。

― 第7章 ―

飲食・小売・サービス・宿泊
Googleビジネスプロフィールの業種別テクニック

ここまで、Googleビジネスプロフィールや口コミの活用、そして他サービスの取り扱いなど、さまざまな施策のポイントをお伝えしてきました。本章では、「業種」ごとにさらに実践的なテクニックをご紹介します。

飲食店の場合

まずは飲食店がGoogleビジネスプロフィールを活用する際のテクニックについて解説していきます。

「飲食店」とひと口に言っても、さまざまな業種業態があります。たとえば、コロナ禍の非接触需要で一気に増加した「テイクアウトメニューを扱っている飲食店」。コロナ禍がある程度収束してきた現在でも一定の需要があり、そのままお料理をテイクアウトでも提供し続けているというお店も多いのではないかと思います。

では、テイクアウトできるお店でGoogleビジネスプロフィールを利用する場合、何をやっていけばいいのでしょうか。まず簡単に対応できるものとして次の2つがあります。

①「属性」機能で、テイクアウトの項目にチェックを入れる
②「他の営業時間を追加」機能で、テイクアウトの営業時間を登録する
Googleビジネスプロフィールでこれらが設定できているか、そしてパフォーマンスデータで「テイクアウト」が引っかかっているか確認してみましょう。

ただし実は、属性設定の「テイクアウト」項目にチェックを入れておけば必ず検索に引っかかる、という仕組みになっているわけではないのでご注意ください。設定しないよりも引っかかる可能性は高くはなりますが、あくまで要素のひとつとして捉えてください。

ですので、検索しても引っかからないのであれば、第4章で説明したような「検索対策」が必要になります。

検索してもまったく出てこず、テイクアウトに対応しているということが「Google」にも「検索した人」にも伝わっていないという状況は、非常にもったいない状況です。

Googleビジネスプロフィールの投稿などでアピールしたり、実際にテイクアウトした方から口コミを集めたり、といった工夫をしていくとよいでしょう。

また、「テイクアウト」以外にも「持ち帰り」といった、似たような言葉で検索される場合があります。Google検索はこの点優秀で、検索ワードの表記ゆれ・類義語にきちんと対応できることが多いのですが、Googleマップではこうした言葉がまだ紐付けられない場合もあるため、似た言葉でも引っかかっているかどうかは確認しておいたほうがよいでしょう。

さらに、テイクアウトの商品だけ「お弁当」といった別の商品としての売り出し方をしている場合も、「お弁当」を探している方にアピールできたほうがよいので、積極的に打ち出してみてください。

ほかの業種業態の飲食店でも同様のテクニックが使えます。

たとえば「食べ放題店」。食べ放題を表す言葉として「ビュッフェ」「バイキング」といった言い方もありますね。ですので仮にスイーツの食べ放題を提供しているお店なら、「スイーツ 食べ放題」「スイーツ ビュッフェ」「スイーツ バイキング」といった言葉でもアピールできているか、確認してみましょう。

検索しても引っかからないのであれば、Googleビジネスプロフィールの投稿や口コミの取り組みを進めていきましょう。

「どういうお店なのか」をきちんと記載しておくことも大事です。「食べ放題店」でいうと、食べ放題のシステムのみを提供しているお店もあれば、単品注文が前提で、予約しないと食べ放題のサービスを受けられないお店もあったりしますよね。それによって、お店のイメージや利用の仕方も違ってきます。

投稿などで食べ放題をアピールするときに、「どのメニューが食べ放題なのか」「どういうシステムで食べ放題を提供しているのか」「ルールや制限はあるのか」といった情報をきちんと記載しておくと、利用者が検索をする際に判断しやすくなりますし、クレームを防ぐことにもつながるでしょう。

ほかにも「入りづらい」という抵抗感をなくしていくのが大事です。

寿司屋に行こうと思ったとき、「予算感がわかりづらい」と感じたことはないでしょうか。「一貫300円」といった表示を見てなんとなく高い・低いが判断できる方もいれば、「結局全部でいくらかかるのか」が気になってしまい、入れないという人も多いはずです。

集客に困っていないとか、客層維持やブランディングとしてこういう案内はしないなどのポリシーがあるお店ではこうした取り組みをやる必要はないと思いますが、集客していきたいのであれば「1人あたり予算3~4000円」「おまかせで5000円でお作りします」といった案内があると、来店を考えている方の後押しになります。

寿司屋だけでなく、単価高めのイタリアンや和食などでも同じような悩みがありそうなので、単品価格だけでなく「おすすめの組み合わせ」で価格を提示するなどの工夫もアリです。


来店に興味や期待を持っていただき、そして来店後のギャップをなくす発信を意識するといいでしょう。


また、Googleマップに限らずですが、飲食店の場合は写真が非常に重要です。

写真はお客様が投稿できるほか、お店側がGoogleビジネスプロフィールから投稿することもできます。

お店側として定期的に投稿していくのが大変なのであれば、お客様に投稿してもらえるよう促していきましょう。ただし、写りが悪かったり、お店が提供しているものと異なる写真が投稿されたりすることもあり、集客につながるとは限りません。

不適切だったり、問題がある写真があれば、写真の画面隅にある「…」から問題報告や削除申請をしたりといった取り組みをしておくといいでしょう。

最新の仕様を意識した取り組みも非常に重要です。

試しに、Googleマップで「チキン南蛮」と検索してみてください。店の一覧が表示され、いくつか写真と店舗名が表示されると思います。お気づきになった方もいるかもしれませんが、実はお店の写真の中から「チキン南蛮」を選んで表示するようになっているのです。Googleマップは一番近い写真を引っ張ってくるので、そのものズバリの写真がなければ唐揚げや肉料理が表示されてしまう場合もあります。

ですので、取り扱う料理などは、写真を掲載しておくことが重要です。チキン南蛮で検索しても写真がなければ、おそらく来店にはつながらないからです。ぜひ一度チェックしてみてください。

小売店の場合

小売店がGoogleビジネスプロフィールを活用する際のポイントについて見ていきましょう。

小売店は、扱っている商品が生活に密着すればするほど、お客様は検索などせずに、直接お店に行っているイメージがありませんか？

たとえばスーパーマーケットです。生活に密着し過ぎているため「家の近くのよく行くお店に通う」ことが多く、Googleビジネスプロフィールの活用でお客様を増やしていくイメージができないという方もいるかもしれません。

でも実は、スーパーマーケットのデータを見ると、非常に多く検索されているのです。試しにGoogleマップで「スーパーマーケット」と検索してみてください。口コミが結構書かれています。「実はスーパーマーケットはGoogleでよく検索されている」ということが、このことからもわかります。

特に人口流動が激しい地域や人口が多いエリアでは、スーパーの間接検索数（店舗名ではなく「スーパーマーケット＋地名」のように、一般的な語句で検索された数）が多くなります。

そもそもなぜ、スーパーなどの情報が多く閲覧されているのかというと、ビジネスプロフィールやホームページのアクセス解析データを見てみると、「営業時間の確認」と「特売情報やクーポン情報の期待」の要素が強いようです。

では、これらを踏まえた上で、小売店ではどんな発信をすればよいのでしょうか。

「チラシ」を定期的に作成する小売店は、ＰＤＦなどデジタル版のチラシがあるなら、それをそのまま載せてしまうか、公式ページのチラシダウンロードページを案内するといいでしょう。ないなら紙のチラシを写真に撮って載せるだけでも、誘客の力になります。

ただし、この「チラシを載せる」方法はＰＤＦや写真を載せるので（現時点では）Googleには文字データとして認識してもらえません。つまり商品単位で検索に関連付けたり関連性を高めたりする検索対策をしたい場合は別で行う必要があります。

検索対策の章でもふれましたが、お店を知って来店するまでの流れをイメージして、「検索に引っかけてもらえるためのキーワードを意識した発信」「取り扱っている商品はどのようなものかがわかる発信」「その中でここで購入を決めるための魅力を伝える発信」が重要になるということです。

小売業の検索対策では、そのキーワードが実際に検索される語句なのかどうかを意識することも大切です。

Googleマップで「にんじん」や「きゅうり」と検索したりしないと思うので、施策の効果はあまり期待できないでしょう。しかし、「パン」や「お弁当」は日常的に検索されやすい検索語句です。

ほかにも「電池」と検索する人はほとんどいませんが、「エアコン」や「具体的なゲーム機の名前」で検索する人は大勢います。

こうした検索キーワードの中で、小売業で特に注目したいのが季節モノです。土用の丑の日の「うなぎ」や、年末の「クリスマスプレゼント」「クリスマスケーキ」「クリスマス チキン」「お歳暮」「おせち」などが当てはまります。

ほかにも、フルーツが有名な地域であれば、「いちご」「梨」「桃」「ぶどう」など、酒処であれば「新酒」などもシーズンになると非常に検索されやすくなります。

この場合、「うなぎ」はうなぎを提供している飲食店、「クリスマスケーキ」はケーキ屋、「桃」は八百屋などが競合となりますが、専門店でないお店は引っかかっていないことも。季節のイベントで盛り上がるものや、個々の地域でよく検索されるものは意識して投稿していくとよいでしょう。

特に季節ネタの商材は、直前に投稿しても、すぐに検索に引っかかるようになるとは限りません。事前告知を含めてワンシーズン前くらいから徐々に発信することをおすすめします。

お客様だけでなく検索システムにも「うちのお店でこれを扱うよ！」と伝えるメッセージを兼ねているイメージです。

日本は季節のイベントが豊富です。バレンタイン、ホワイトデー、卒業祝い、入学祝い、母の日、父の日……といくらでも出てきます。ご自身の商材に照らし合わせ、ぜひ施策に加えてください。

こうしたキーワード施策に、特に力を入れたほうがいい小売業種があります。代表的なのが「アパレル業」です。

アパレルの業種カテゴリ設定には「衣料品店」「男性服店」「婦人服店」といったカテゴリしかないので、ファストファッションも高級ブランドもセレクトショップも一緒くたになってしまいます（一応、古着は「古着屋」、靴は「靴店」などがありますが）。「オーダースーツ」「ジーンズ」「ギャル服」「カジュアル／フォーマル」といった、飲食店であればGoogleのカテゴリで一定数紐付けられるであろう部分も、業種カテゴリが充実していない業種では、自分で紐付けていく必要があるのです。

アパレルの場合、ジャンルとは別に、ブランド名でも検索されることがあります。特にセレクトショップのような業態であれば、ものによってはGoogleマップだと意外と紐付けられていないブランド名もあり、「ほしい人が検索して、取扱店舗が1店舗だけしか出ない」状態のことも。多くの場合、検索に出ないためにネット通販に流れてしまう状況がありますが、「この日までにほしい」といった希望があって、通販では間に合わない場合も、店舗ならその場で買えるなどの理由で、店舗を選ぶ方もいるわけです。

実店舗にも工夫次第で通販に勝てる場面があり、集客を強化する余地はあると考えています。アパレルの場合は試着したい、現物を見たいといった需要はあるので、演出も含めて上手くアピールするといいでしょう。

さらに、オリジナル商品や「売り」となる商品があるなら、積極的に投稿していきましょう。

パン屋さんであれば、カレーパンやメロンパンなど、そのお店の「目玉」となる商品があるのではないでしょうか。パン屋は基本的に、自宅や会社の近く、通勤や通学の途中にあるから寄るという利用の仕方が多くなりますが、目玉となる商品を知ると、「一度は行ってみたい店舗」「たまに遠出したときに必ず寄る店舗」として認識してもらえたりします。

小売店によっては、意外と「観光」の要素もあります。日本の商品との出会いを求めて、インバウンド旅行者（訪日外国人）がやってくることも。そのための施策について、詳しくは第8章もご覧ください。

サービス業の場合

続いてサービス業がGoogleビジネスプロフィールを活用する際のポイントです。

検索への対策から見ていくと、小売業のアパレルの例と同じように、ぴったりの業種がそもそもGoogleのカテゴリに存在していないこともあります。また、業種の呼び方がひとつではなく複数あるパターンがあります。

ひとつ例を挙げると、「美容室」には、いろいろな言い方がありますよね。美容室、美容院、ヘアサロン、理髪店、ビューティーサロン、英語で表記するhair salonなども当てはまります。

これは「飲食店編」の節で紹介した「テイクアウト」「食べ放題店」と同じで、検索ワードの表記ゆれ・類義語にきちんと対応できていない場合があるので、それぞれのキーワードで検索したときに引っかかっているか確認し、まずはこういった言葉がきちんと引っかかるように、その言葉を使って発信していくことが重要です。

サービス内容についての検索も意識して、その名称をきちんと発信することも必要です。車屋さんであればオイル交換やカーコーティング、車買取など、美容室であれば白髪染め、ヘナカラー、まつ毛パーマなどがそれに当たります。

サービス業とするのは少し領域が違いますが、医療や健康系だと、健康診断、人間ドック、インプラントや鍼灸といった施術方法のほかに、患者様の悩みを検索する場合もあります。

景品表示法や医療広告ガイドライン、業界団体のルールに気をつけつつ、そういった設備や施術、診察があるのかどうか、何に気をつけるべきか等、情報発信をすることは非常に重要です。

こういった視点でGoogleビジネスプロフィールのパフォーマンスデータを見ると、行っているサービスが結構引っかかっていないことに気づくかもしれません。まずはこの辺りをきちんとGoogleにも知ってもらい、その先の検索者にも伝える必要があります。

扱うサービスによっては、業界そのものの標準的なサービスが、どういうものかわからない場合もかなりあります。

多くの人が日常的に利用するサービスであれば大丈夫でしょうが、はじめて利用する人にとってはハードルが高い業種もあります。

サービスの流れ、サービス内容、料金が明瞭でわかりやすければわかりやすいほど、店舗情報を見てくれた方の来店へのハードルが下がります。

お客様によってサービス内容が変わるので書けないという場合もあると思いますが、その場合は事前に相談を受け付けることを投稿機能でアピールしたり、安心感や来店しやすさを優先して情報発信すると良いでしょう。

ほかに考えておきたいポイントとして、サービス業は滞在時間が長い業種も多いので、口コミを書き込んでいただくための接客オペレーションを考えておくといいでしょう。

サービス業の場合、ほかの業種に比べて「誰にサービスしてもらえるのか」が重要な要素であることも少なくありません。可能ならスタッフの顔写真を掲載するのも安心感につながります。

最後に、予約に関する情報もしっかり説明しておきましょう。お店に電話するのか、公式ページからなのか、予約サービスからなのか。あるいは不要なのか。チェーン店であっても店舗ごとに異なる場合もあるので、Googleビジネスプロフィールにしっかりと書き込みます。

宿泊施設の場合

宿泊施設はちょっと特殊なので、別枠で紹介します。どう特殊なのかというと、試しにGoogle検索で「ホテル」「レストラン」とそれぞれ検索してみてください。検索結果に表示される内容が、かなり異なっているのがおわかりになるかと思います。

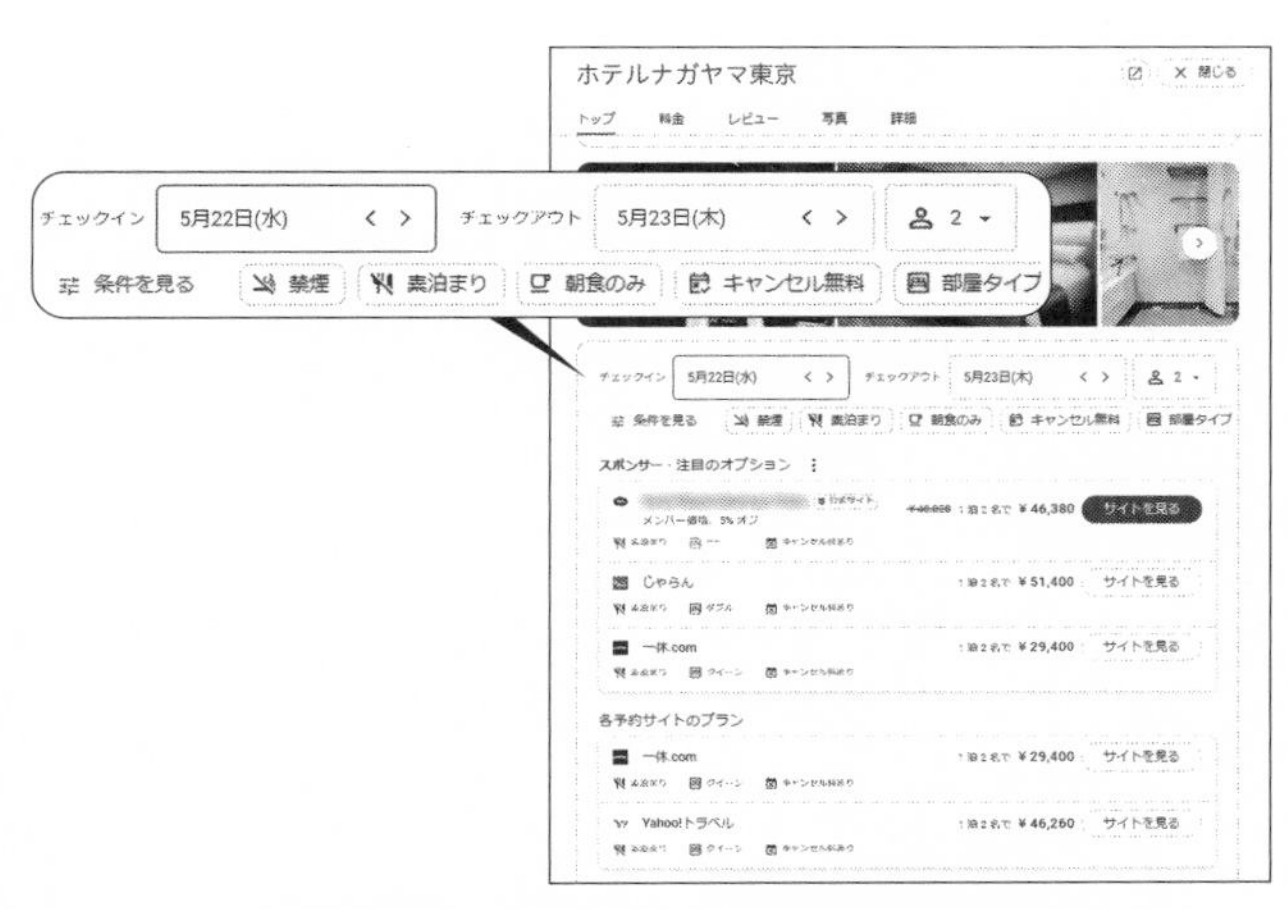

ほかの業種とは違う、宿泊系施設の情報表示。

宿泊施設のオーナーの方の中には、自分の施設に勝手に料金が表示されているので気になっている方もいると思います。

この料金一覧や施設の表示は「Googleホテル広告」が大部分を占めています。これはOTA（オンライン宿泊予約サイト）側がGoogleに広告代を支払い、表示させているものです。OTAと契約している宿泊施設は、OTA側がGoogleへ広告を出稿するので、施設側が特に何もしなくても、勝手に料金が表示され、そこを押すとOTAに誘導される仕組みになっています。

オーナーの方々と話していると、「OTAからの予約がほとんどだから、Googleの対策はしなくていい」と考えている方も多くいます。ですがGoogleマップの口コミや投稿も同時に表示されるので、ここが魅力的な情報になっていなければ、宿泊先の候補から外されてしまう可能性があります。

また、検索結果を見ておわかりになる通りOTAへの導線がかなり強いので、実際はOTAで予約をしていても、その流れを追うとGoogleを経由していることが多いのです。ですのでOTAだけでなく、その入口となるGoogle上の情報も整えていく必要があるのです。

また、OTA以外にも自社ホームページの宿泊金額を表示したい、もしくはOTAを使いたくない、という方もおられると思います。これには2つ方法があります。

①Googleと提携する自社予約システムで販売

有料のシステムがほとんどですが、予約管理システムを導入している場合には、その管理システムを通すことでサイトコントローラーから在庫や料金を調整することができます。自社予約システムがGoogleと提携しているかは各社にお問い合わせください（だいたいの場合、OTAの予約手数料を若干下回る金額設定のようです）。

②Googleビジネスプロフィール管理画面の「料金を編集する」から料金と在庫を登録

こちらは無料です。この機能を利用するには、Googleでビジネスのオーナー確認を完了し、宿泊施設の公式サイトに予約が確定できるページがあることが条件です。予約管理システムとの連携はできず、在庫調整や価格調整は手入力になるので注意してください。利用する場合は、ビジネスプロフィール管理画面の「料金を編集」アイコン、またはGoogleChromeの宿泊施設の店舗情報に表示された「料金を管理する」を押します。

OTAも含めてさまざまな予約の取り方があるわけですが、利益改善やリピーターを作りやすい環境づくりのため、最近は自社ページへの誘導をする宿泊施設が増えています。

小規模事業の場合は、地図に金額が出なければ比較対象もしてくれない利用者もいます。OTAに契約していない小規模事業の場合は、Googleビジネスプロフィールでの料金設定は最優先で取り組む必要があります。

宿泊施設がGoogle上の情報をどう整えていくかですが、やはり検索した人目線で「どういう人に向いているか」と、そしてその人が「その施設に泊まりたくなるか」、「知りたい情報がわからない、などの不安要素を払拭できているか」が重要です。

ＯＴＡの対策にしっかり取り組んでいる施設であれば、その内容をそのまま活かせる部分も大きいので、ぜひ取り組んでみてください。

先述したような口コミの評価・数とコメント。施設での体験に満足いただける環境を整え、口コミの投稿をお願いする取り組みを進めましょう。☆評価が良いだけでは十分ではなく、レビューの中で悪印象を受けるようなコメントが入っていると、選択肢からの離脱につながってしまいます。丁寧に返信したり、改善すべき点は改善していくといった取り組みを行っていきましょう。

また宿泊施設の場合、基本情報にある属性情報は、非常に多くの可否が設定できます。「ペット可」といったオプションについても、せっかくＯＫな宿なのに設定できていない、アピールできていないなど、もったいない状況になっていることがあります。

宿の売りとなるような情報は積極的に発信、設定していきましょう。

検索対策としては、たとえば「ホテル　夜景」「宿　温泉」「旅館　カニ」「○○（有名観光地）近くの宿」など、施設の魅力や地域特性から検索されそうな言葉で引っかかるようにすることも重要です。
施設によっては名物や特性があったりすると思いますが、情報がなく案外引っかかっていないことがあります。

施設内施設がある場合は、別途対応が必要な場合があります。飲食店、結婚式場、日帰り温泉、ラウンジ、レストランなど、宿泊施設とは別に利用できる施設で、かつ個別の看板があるのであれば、Googleビジネスプロフィールに登録して別々に運用していくことで、そうした施設が検索された際にも表示され、選んでもらえるようになるでしょう。

― 第8章 ―

Googleマップの活用が集客のカギ！
「インバウンド」を呼び込む知られざる手法とは

「インバウンド」の集客は、どうすればいい？

第8章では、Googleマップを活用したインバウンド対策について解説します。

筆者はこれまで地域ビジネスの支援活動をしてきており、観光業も専門領域のひとつです。また、この本を執筆する際に協力いただいた株式会社movも業界最大級のインバウンドビジネスメディア「訪日ラボ」を運営しており、インバウンド集客に独自の知見があります。この章で扱う観光業、特に海外インバウンド集客については少し力を入れて解説していこうと思います。

「インバウンド」という言葉は、最近ニュースなどでもよく取り上げられているので知っている方も多いと思いますが、改めて簡単に解説すると、海外から日本へ旅行に来ること、またはその旅行者のことを指します。「外国人観光客」や「訪日旅行者」といった名称でも呼ばれます。

コロナ禍、感染対策として国家間の移動が制限されたことで、一度は下火となったインバウンドですが、２０２３年年間のインバウンド消費額は何とコロナ禍前２０１９年の

4・8兆円を大きく超え、5・3兆円に。2024年以降はさらなる伸びが期待されている市場です。この波に乗り、インバウンドを集客していきたいと考えている方もいらっしゃるのではないでしょうか。

ただし、国内旅行にしろ海外インバウンドにしろ、エリアで考えると誘致できている地域とできていない地域の差が顕著です。「もうその地域に来ている」のか、「その都道府県には来ている」のか、「まだ来ていないので、呼び込みたい」のか。それぞれやり方も違いますし、難易度も異なります。

たとえば渋谷や新宿、あるいは京都などの人気観光地に位置するお店なら、すでにお店の近くまで観光客は来ているので、非常に集客しやすいと言えます。他地域から来る方の検索語句をイメージしつつ、その語句がうまく検索に引っかかるようにすれば、あとは興味や行きたくなる必然性を持たせればいいわけです（キーワードの選定については後述します）。

では、もう少しそこから離れ、郊外や田舎のほうへ行くとどうでしょう。旅行者はそもそもその地域に来ているでしょうか？　地域全体を見渡したときに、旅行者が来ていない地域で仮に「カフェをやっていて、外国人を呼び込みたい」とすれば、相当強い「伝える力」がないとなかなか集客には結びつきません。わざわざその場所へ足を伸ばしたいと思えるようなコンテンツづくりが必要となってきます。お店を目指して遠くから来店する……まさに、お店そのものを観光地として機能させる必要があります。

まずはみなさんのお店がある地域にどれだけの外国人が来ているのか、集客がしやすい場所なのか確認してみましょう。

株式会社movが運営する「訪日ラボ」（訪日ラボ https://honichi.com/）では、都道府県別のインバウンド需要を取りまとめていますので、ぜひチェックしてみてください。

あなたの地域の旅行者需要を確認し、一定の集客が見込めると判断した場合。あるいは、今はそこまでの需要がないものの、今から観光地としてお店を機能させたい方、もしくは将来の需要増加に備えて、できることからはじめておきたい場合。どんな場合でも、実は「Googleマップの対策」はやっておいて損はありません。

これは何も、この本がGoogleビジネスプロフィールをすすめている本だからではなく、それにはきちんとした理由があるのです。ではその理由から、実際にやっておきたい対策方法まで、順番に見ていきましょう。

Googleマップの活用は、インバウンド対策にも効果的

第1章でもご紹介した通り、GoogleマップやGoogle検索は、日本でも海外でも圧倒的に使われています。たとえばアメリカでは、検索エンジンのうちGoogleが約88％ものシェアを有している状況です。ほかの欧米圏でも多くの方が使っていますし、台湾、韓国、香港などのアジア圏でも、シェア率は国・地域によって多少異なるものの、利用者が多くいる状況です。

そのため旅行の際にGoogleマップを使ってお店や体験アクティビティを探したり、観光で訪れる場所を探したりする方が多くいます。

しかし現時点では、インバウンドどころか、旅行者向けの本格的なGoogleマップの整備まで手が回っていないお店が多い状況です。もちろんエリアにもよりますが、小さなお

店でもチャンスがある施策だと考えています。

しかも、「Googleマップ上の店舗情報の一部はGoogleが自動で翻訳してくれます。国内のお客様に向けた情報発信や集客施策が、一部そのままインバウンド対策として機能するという点でも、Googleマップを活用するメリットは非常に大きいのです。

もちろん、自身のお店が観光の目的になるような場合には、ＳＮＳアカウントで英語などの外国語アカウントを作ったり、公式ホームページに外国語のページを作り、海外へ向けて発信していくといった施策も必要になるでしょう。

ただこれは非常に時間や手間、場合によっては多くの予算が必要になります。「まずは簡単にできることから試したい」という方、そして、すでにホームページやＳＮＳで集客されている方にも、無料ではじめられて国内旅行者にも外国人旅行者にも多く利用されているGoogleマップやGoogleビジネスプロフィールを活用した施策は非常に有効なので、最優先でおすすめしています。

ただし中国本土からの旅行者など、Googleのシェアがない、または極端に少ない国も存在するため、メインターゲットとなる旅行者の国がどこなのかによっては、別のプラットフォームも併せて対策する必要がある場合もあります。

地元客、国内旅行客、インバウンドの検索の違いとは？

では、実際に施策を行う場合、どんなことを意識していくべきなのでしょうか。まず「検索」について言えば、地元客、国内旅行客、インバウンドそれぞれで検索の考え方が異なってきます。

地元客の場合、当たり前ですが「お土産」といったキーワードは施策の対象外になるでしょう。観光客の場合も、どこから来るかによって地域や言葉の選択は大きく変わります。

「検索キーワードにどんなエリアを入れるのか」、地元客、国内旅行客、インバウンドそれぞれを意識して取り組む必要があります。

あなたが北海道の札幌に住んでいるとして、旭川へ旅行に行ったとしたら、お土産は「旭川 お土産」で探すでしょう。ですが、東京からの国内旅行客の場合、「旭川」も地名としては認識しつつも、「北海道に来ている」という感覚なので、場合によっては「北海道」をキーワードとして探すかもしれません。さらにインバウンドの場合、「Hokkaido」

に加えて「日本に来ている」という感覚なので、「Japan」「Japanese」で探すといった検索行動が見られるのです。

これらを意識して情報発信を行い、検索の際にGoogleに紐付けてもらう必要があります。

ただ、自動翻訳やお店側の多言語投稿だけでは、カバーしきれないキーワードで検索される場合もあります。それらについては、外国人のお客様から口コミを集めることで対応していくのがおすすめです（これについては、のちほど詳しく解説します）。

Googleマップで翻訳される情報、翻訳されない情報

先ほど簡単にふれた通り、Googleマップでは一部の情報が自動で翻訳されるため、国内向けの対策がそのままインバウンド対策として機能するというのが魅力のひとつです。

営業時間、住所、電話番号などの基本的な情報、そして口コミは自動的に翻訳されます。しかしGoogleの店舗情報のすべてが自動翻訳されるわけではありません。

ビジネス名（店舗名）については、Googleマップ上から登録するか、Googleがホームペ

ージの情報から紐付けるかの2つ。ですのでホームページに多言語のページが存在していたり、きちんと名称が記載されていれば表示される場合がありますが、そういった情報がなく、Googleマップからも登録がない場合は、海外の方が検索しても日本語で表示されてしまうという盲点があります。

まったく言葉を知らない国に行ったとき、読めない言葉でGoogleマップに店舗名が書いてあったら、きちんと翻訳されているところを選択してしまう可能性はやはり高くなります。

店舗名が日本語のままだと、インバウンド視点では一気に可読性が下がりますので、インバウンド対策としてはここが重要項目のひとつになります。

ちなみに、外国語の店舗名登録は、ビジネスプロフィールのオーナーや管理者でなくてもできますので、人気の観光地などであれば旅行者が提案して登録されている場合もあります。

最近では投稿の一部が翻訳されるようになってきました（正確に言えば、Google検索の店舗情報では翻訳ボタンが出るようになっていますが、Googleマップのほうは翻訳されないようです ※2024年5月現在）。また、ビジネスの説明文、商品・サービス・メニューなどは翻訳されません。

このように自動翻訳される項目とされない項目があるため、海外の方々にも店舗の魅力が伝わるようにするには、少し工夫が必要です。その方法を学んでいきましょう。

外国語だと、自分の店舗情報はどう表示される？

まずは国内向けの対策と同様、現状把握が重要です。自分のお店が他の言語でどのように表示されるのかを見てみましょう。

この手順はGoogleビジネスプロフィールの機能ではなく、Googleのヘルプにも載っていません。ですがこれは違反行為ではありませんし、私は強く推奨します。Google、お店側、利用者すべてにメリットがあり、やっておきたい情報整備のひとつです。次ページからの画像を参考に設定してみてください。

【ご注意】

パソコンとスマートフォンで表示の確認方法が異なりますのでご注意ください。ここで

■他言語でGoogleマップでどのように表示されるかをPCで確認する方法

①Googleマップの「メニュー」をクリックします。

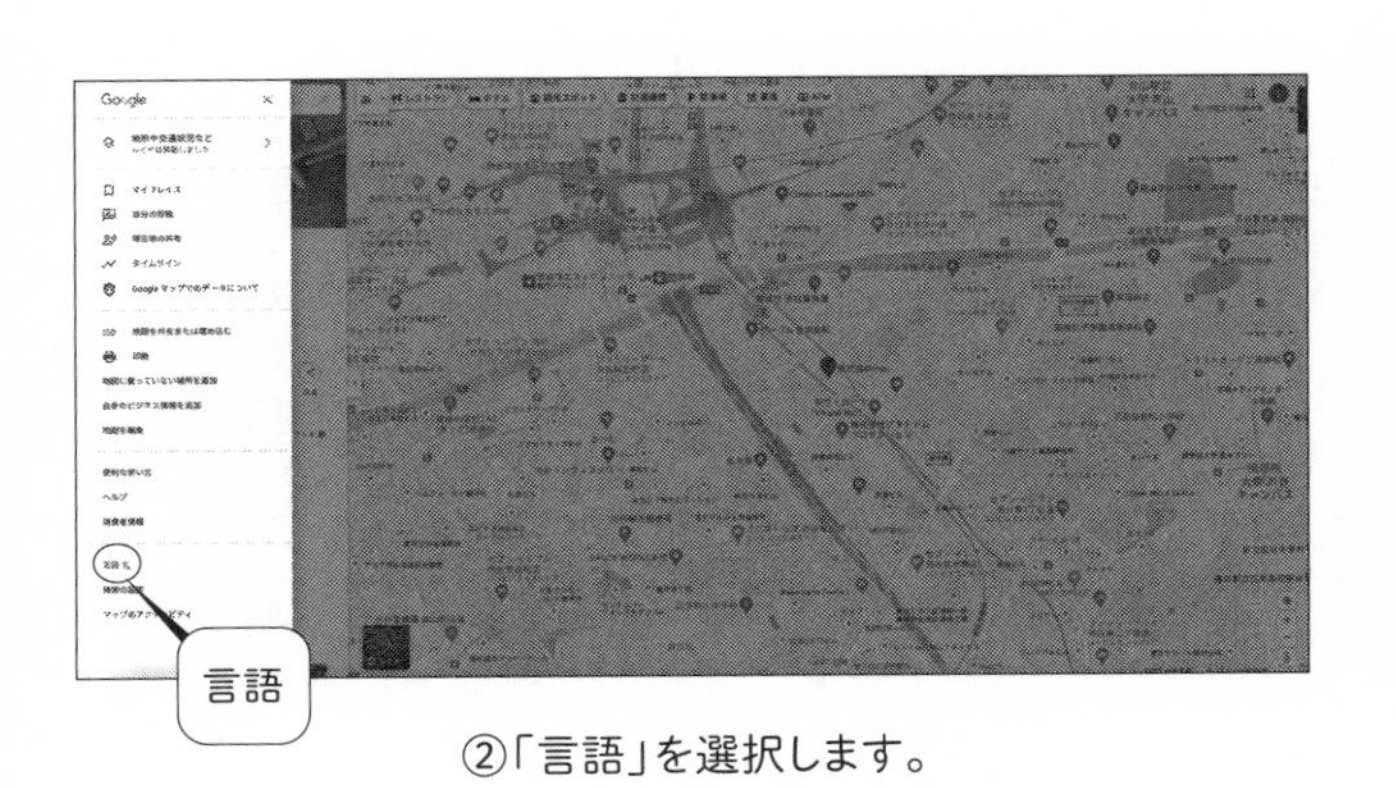

②「言語」を選択します。

言語を選択

言語を選択 ×

Afrikaans	Français (France)	Português (Portugal)	Русский	ગુજરાતી
azərbaycan	galego	română	српски (ћирилица)	தமிழ்
Bahasa Indonesia	Hrvatski	shqip	Українська	తెలుగు
Bahasa Melayu	isiZulu	Slovenčina	ქართული	ಕನ್ನಡ
bosanski	íslenska	slovenščina	հայերեն	മലയാളം
català	Italiano	Suomi	עברית	සිංහල
Čeština	Kiswahili	Svenska	اردو	ไทย
Dansk	latviešu	Tiếng Việt	العربية	ລາວ
Deutsch (Deutschland)	lietuvių	Türkçe	فارسی	ဗမာ
eesti	magyar	Ελληνικά	አማርኛ	ខ្មែរ
English (United States)	Nederlands	български	नेपाली	한국어
Español (España)	norsk	кыргызча	हिन्दी	**日本語**
Español (Latinoamérica)	oʻzbekcha	қазақ тілі	मराठी	简体中文
euskara	polski	македонски	বাংলা	繁體中文
Filipino	Português (Brasil)	монгол	ਪੰਜਾਬੀ	

③設定したい言語を選択します。
たとえば英語版をチェックする場合は、「English」を選びます。
こちらで設定は完了です。

④施設情報を開き、設定した言語での表示を確認しましょう。

は便宜上、パソコン画面で確認方法を紹介します。

スマートフォンやタブレットの方は、次の「ビジネス名（店舗名）の多言語設定の仕方」の項目でスマートフォンの画面で説明しますので、こちらを参考にしてください。

スマートフォンでの確認の仕方は次の通りです。

①スマートフォンの設定を開き、「一般」を選択します。
②「一般」の中にある「言語と地域」を選択します。
③一番上にある「iPhoneの使用言語」を選択します。
④設定したい言語を選択し、言語の変更をタップします。これで完了です。
⑤Googleマップアプリを開き、設定した言語での表示を確認しましょう。

自分のお店の情報が他の言語でどのように表示されているか確認できたでしょうか。ビジネス名（店舗名）や口コミ、投稿などがどうなっているのかをまずは確認してみてください。その言語で情報収集する人には何が伝わっていて、何が伝わっていないのかがなんとなく見えてくるかと思います。
※日本語の設定に戻す場合は、同様のやり方で設定を「日本語」にすれば問題ありません。

ビジネス名（店舗名）の多言語設定の仕方

まず、先述した日本語以外の言語で表示させる手順で、店舗名を設定したい言語でGoogleマップやGoogle検索を開きます。英語名を設定するなら英語、フランス語の店舗名を設定するならフランス語を選んでください。

①スマートフォンの設定を開き、「一般」を選択します。
②「一般」の中にある「言語と地域」を選択します。
③一番上にある「iPhoneの使用言語」を選択します。

翻訳サービスや視覚情報も活用し、外国人が求める情報をそろえよう

店舗名以外では、投稿、商品やメニュー、サービスも基本的に自動翻訳されない項目です（先述の通り投稿は、Google検索では翻訳ボタンが出る場合があります）。

これらの項目は、その外国語に自信がない場合であってもお店が外国人を受け入れる意思があるなら、Google翻訳などの機械翻訳文でもかまわないので、他の言語を日本語と一

■スマホで多言語設定する方法

①

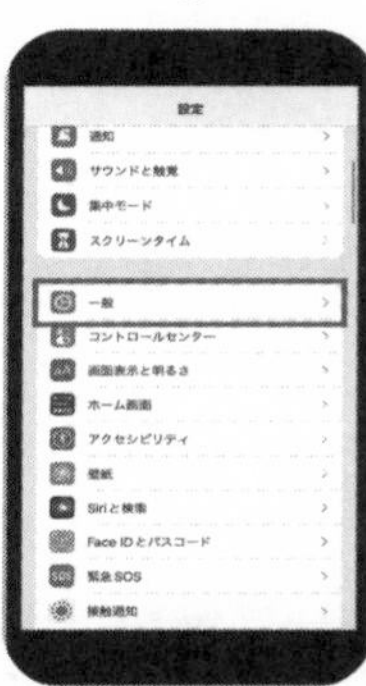

スマートフォンの
設定を開き、「一般」
を選択します。

②

「一般」の中にある
「言語と地域」を
選択します。

③

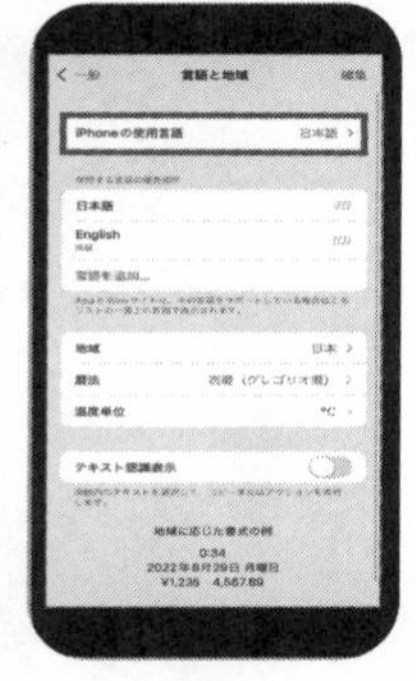

一番上にある
「iPhoneの使用言語」
を選択します。

④

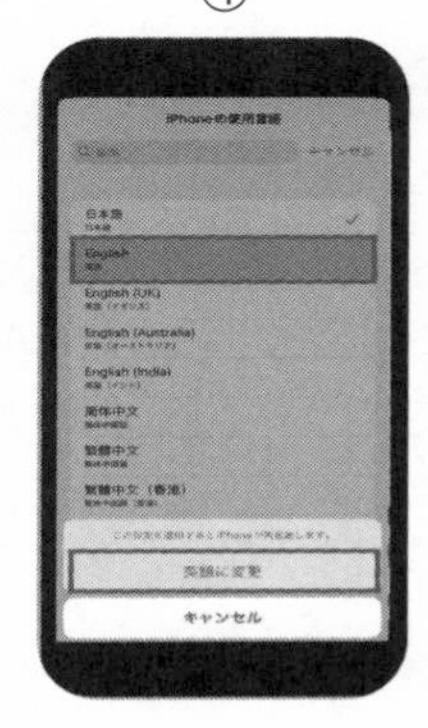

設定したい言語を選
択し、言語の
変更を選択します。
（ここでは
英語を選択）

⑤

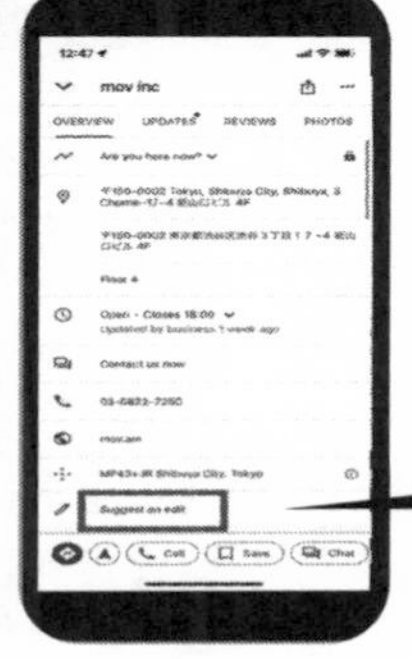

Google検索や
Googleマップで
お店の情報を開き
「Suggest an edit」を
クリックします。

以降、設定した
言語で指示が
表示されます。
「Suggest an
edit」は英語の
場合。

⑥

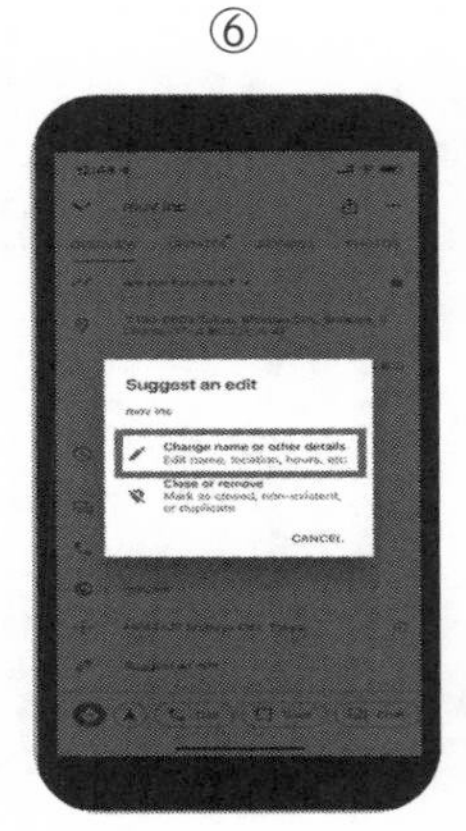

「Change name or other details」を選択します。

⑦

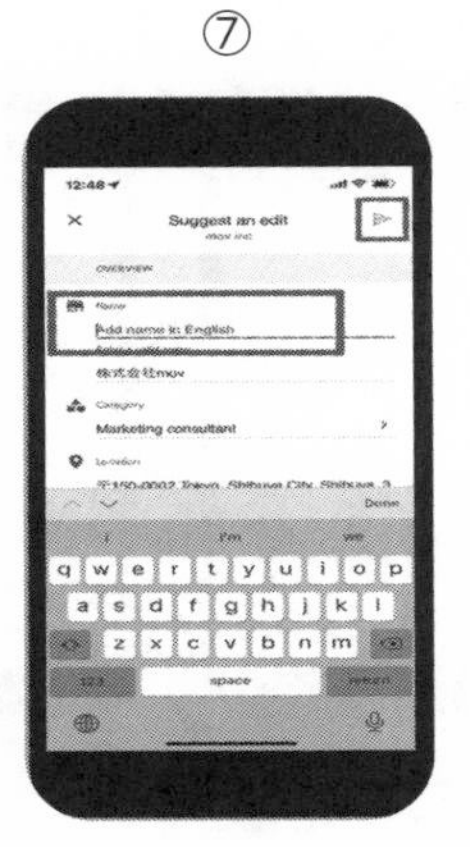

「Add name in English」に英語名を入力し、紙飛行機のマークを選択します。

これで完了です。Googleによって承認されれば、他の言語環境でお店を閲覧した際に設定した外国語名に変更されるようになります。

※この手順は「Googleマップから第三者としてビジネス名を提案する」という方法であるため、場合によってはGoogleビジネスプロフィールの管理画面から承認する手順が必要になる場合があります。

緒に併記しておきましょう。

日本語の表記だけでは海外のお客様にはまったく伝わらないケースがほとんどなのに対し、機械翻訳の表現でも外国語で表記していれば伝えたいことの多くが伝わる可能性があるからです。

特に商品やメニュー、サービスは店選びの際に重視されやすい情報なので、伝える工夫をできる限りしておきたいところです。


「機械翻訳って大丈夫なの?」という疑問や「もっとうまく表現するコツを教えてほしい!」という方もいらっしゃると思います。

機械翻訳の是非についてですが、言語にもよりますが、年々良くなってきており非常に精度が上がっています。さらに、私たちが外国に行ったときをイメージしてみてください。仮に海外のお店で「日本人観光ありがとうございます! 歓迎しますですよ! おいしいたのしい料理です!」と看板に書かれていたとしても、少なくとも歓迎の意図が伝わりますし、興味を持つと思います。そういう意味では翻訳する価値があるのです。

「歓迎以上に検索対策もしたいし、もっと魅力を伝えたい!」と思う方は、何に気をつけたらいいでしょうか。

まずは、求められている情報です。飲食で言えば、ハラルやベジタリアン対応メニューは日本人よりも多く求める人がいます。このあたりが対応できるなら最優先で掲載したい内容です。次に、具体的にどういう表現を使えばいいかですが、ここは押さえるべきポイントがあります。

たとえばとんかつを提供している場合は、「tonkatsu」「pork cutlet」など、日本食を提供しているのであれば「Japanese food」「Japanese dish」「Japanese cuisine」などで検索されます。このように、同じ検索意図でも複数の検索キーワードがあり、場合によっては単純に翻訳ツールにかけただけでは出てこない表現があったりするのです（これは先述した、日本語の「美容室」「美容院」「ヘアサロン」と同じですね）。

よくわからない場合は、実際にインターネットで国名や言語名とともに業種やサービス名、商品名で検索をすると、どのように認識されているか解説しているサイトが多く見つかります。これを事前に調べると、その言葉をどう表記するかだけは調整できるようになります。検索する人に見つかりやすくなりますし、情報も伝わりやすいでしょう。

そうやって調べると、「とんかつをそもそも知らない人」もたくさんいると感じるかも

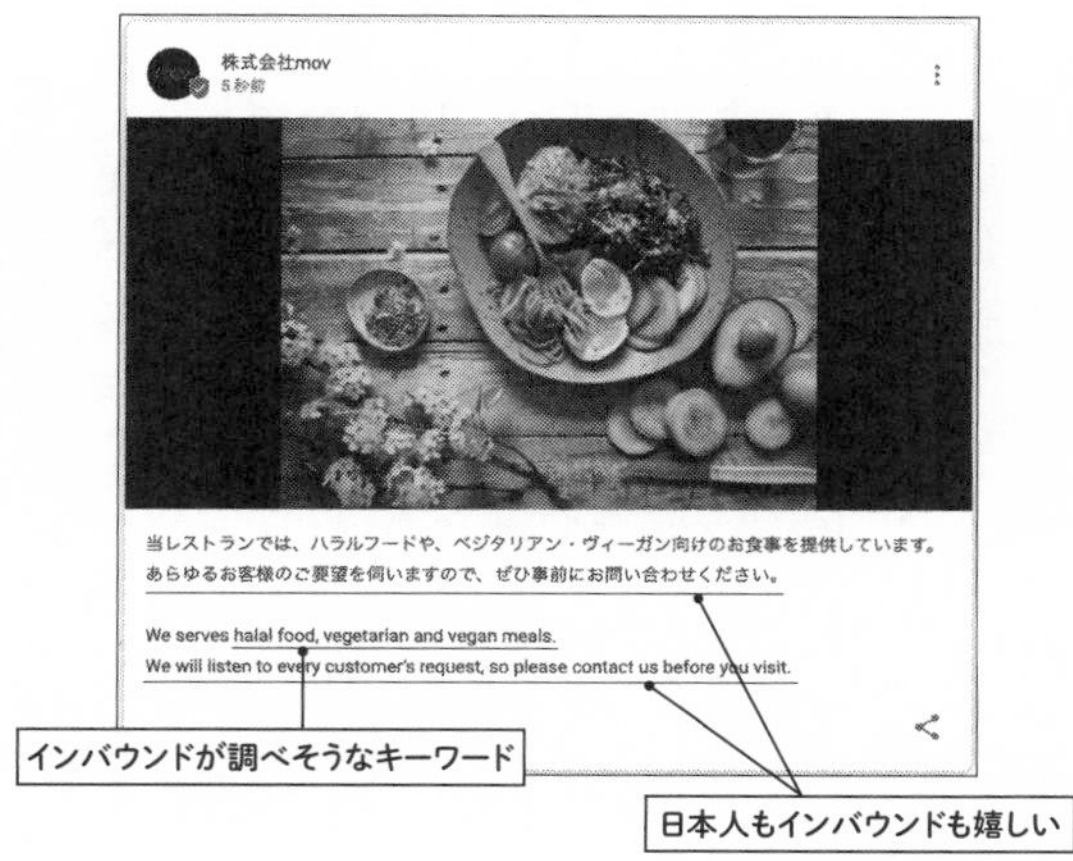

英語などが苦手な方は、狙いたいキーワードは辞書を用いて個別で調べたりチェックするとして、文章についてはGoogle翻訳やDeepLなど、翻訳ツールを活用するだけでもGoogleに対しても検索者に対しても、大まかな意図は通じるため、インバウンド対策としては有効に機能します。

しれません。
日本人にお店のとんかつをPRする際には「地元のブランド豚を秘伝のソースで」でも通じます。しかし、外国人に完全に向けた文章なら「とんかつは、豚肉を揚げた日本の定番料理です。旅行で日本に来たなら、ぜひ食べてみてください！　日本の隠れた名物です！」といったニュアンスのほうが伝わるでしょう。
これを外国語に翻訳すれば、外国人に刺さる文章になります。外国人スタッフがいるなら、その方にも協力していただいて、さらに旅行者に刺さる文章にすることもできます。

外国人対応のポイントは、どこまで外国人を意識できるかです。同じ日本食を指す言葉でも、「Japanese cuisine」は比較的高級な料理のイメージで、その表現を使わないほうがいい日本食レストランもあるはず。その言葉を外国人はどう感じるか。店舗で提供する商品やサービスとのギャップはないか。歓迎以上にしっかり取り組みたい場合には外国人の視点を意識し、投稿すると良いでしょう。その投稿が日本人のお客様に対しても通じるよう、日本語と他の言語を併記するのもおすすめです。

決済方法も外国人が気にする情報のひとつです。最近は異国の地でも必要以上の現金を持たず、キャッシュレス決済を中心に観光をする旅行客が増えています。

それはつまり、外国人観光客が希望する決済方法に対応していなければ、もしくは対応しているかどうかがわからなければ、彼らは来店を控える可能性があるということ。逆に言えば、店舗情報に対応可能な決済方法を明記しておくことで、安心して来店してもらえますし、トラブルを防ぐことにもつながるかもしれません。

そこで、お客様が利用できる決済手段をGoogleビジネスプロフィールでも必ず記載しておきましょう。基本的に日本は電子マネーやQRコード決済が乱立していますが、外国人が使うのは主にクレジットカード（通常の決済に加えてタッチ決済もよく使われる）ですので、これらの記載は特に意識して発信しておいてください。

外国人へ情報を伝えるにあたっては、視覚情報をうまく活用するのも手です。写真欄に対応可能な決済方法一覧の写真を載せておいたり、外国語メニューを写真で掲載するのは良い方法です。

インバウンド向けの口コミ対策とは

近年、外国人が旅行する際の情報源として、口コミが非常に注目されています。多言語対応の有無はもちろん、飲食店であれば先ほど挙げたハラルやベジタリアンに対応したメニューがあるかどうかなども口コミで投稿されている場合が多いため、多くの外国人が参考にする情報のひとつになっているのです。

特にGoogleの口コミはユーザーの端末の設定言語に自動で翻訳されるため、訪日外国人にとって参考にしやすい情報だと言えるでしょう。

そして、Google口コミの自動翻訳機能のおかげで、日本人のお客様による口コミを集めることがそのまま多言語対応になります。

ただ、海外のお客様による口コミがあると効果はより一層高まります。というのも、Googleなどに表示される店舗情報に外国語で書かれた口コミが多くあれば、それだけ外国人視点の情報として伝わるからです。これは私たちが外国に旅行に行く前、または現地でお店を調べる際にも日本人の口コミは特に参考にしやすい感覚と同じですね。

さらには、インバウンド観点の検索対策においても、海外のお客様による口コミは検索語句との関連性を高める上でも効果的です。先ほど取り上げた「ハラルやベジタリアンに対応しているかどうか」のように、外国人は日本人とは少し異なる視点でお店選びや評価をしているケースがあるからです。

東京観光に訪れた日本人は東京土産を探しますが、東京観光に訪れた外国人はそうとは限りません。「東京に来た」と同時に「日本に来た」という感覚があるため、東京土産だけではなく、日本らしいお土産を探すこともあります。このとき、口コミに〝日本〟などのキーワードが入っていれば、検索に引っかかりやすくなるというわけです。

日本のお客様とは注目しているポイントが違うことも多々あるため、外国人のお客様からの口コミを積極的に集めることは、外国語の検索での関連付けにとっても、非常に効果的なのです。

外国人のお客様からの口コミの集め方

外国人のお客様の来店があるお店は、そのお客様に口コミの投稿をお願いしましょう。

もし今は外国人観光客の来店がほとんどないという場合は、在日外国人のお客様に口コミを書いてもらう方法もあります。日本にいる外国人の方が書いた口コミは、今後日本に行きたいと考えている海外の方にとって貴重な情報になるためです。

外国人に口コミをお願いする際の最大のポイントは、「あなたの国の言葉で書いてください（英語：Write in your own language.）」というフレーズを必ず伝えること。もし喋れない場合は、口コミ集めのメッセージカード（前の章でも紹介した施策の応用です）を使うといいでしょう。

ほかにもショップカード、商品の袋に入れるチラシ、店頭のPOPなど、外国語の案内を各言語であらかじめ作っておくといいですね。もちろんGoogle翻訳でかまいません。先述した通り、外国語で書かれた口コミを集めるメリットが多いからです。

時折、親しみを込めて簡単な日本語で口コミを書こうとしてくれる外国人のお客様もいるのですが、ぜひその方の国の言葉で書いてもらいましょう。彼らにとっても母国語で良いなら書くハードルが下がりますし、それゆえ投稿してもらいやすいという利点もあります。

そうはいっても、外国人のお客様に口コミをお願いするのはハードルが高い……と感じている方も多いことでしょう。

先ほども少しふれましたが、思い出してもらいたいのはたとえば店舗での外国人スタッフとのやりとり、海外の著名人の来日インタビューなど、外国人が日本語を話すシーンです。相手の日本語が正しくなくても、コミュニケーションは成り立っていることがほとんどなのです。間違いが気にならないことも多く、それどころかこちらにあわせて日本語で話してくれていることに嬉しく感じると思います。

この逆も然り。表現が多少間違っていたとしても、旅先で母国語にふれるのは嬉しいものです。文法などが正しいかどうかは重要ではありません。Googleなどの翻訳機能を活用しながらでもまったくかまいません。あまり気にせずにお願いしてみてください。

Google以外のサービスの外国人集客は？

Googleビジネスプロフィール以外も取り組んでみたい！という方は何のサービスを使えばいいでしょうか。

国によって利用シェアが異なるので一概には言えませんが、多くの言語・国で使われていて、日本語でも管理がしやすい「Tripadvisor（トリップアドバイザー）」は押さえておいてもいいでしょう。外国人の観光体験になりそうなアクティビティがある、または用意できそうなら、「Airbnb」の体験コンテンツのホストとして登録するのもいいでしょう。

中国本土からの旅行者には中国のプラットフォームで集客しよう

聞いたことがある方も多いと思いますが、中国本土ではGoogleのサービスが使えません。そのため中国向けの情報発信には、たとえば『大衆点評（たいしゅうてんぴょう）』や『馬蜂窩（マーフォンウォ）（Mafengwo）』など、中国本土で使える口コミサービスを利用するなど、Google以外のサービスを活用する必要があります。

▼大衆点評（たいしゅうてんぴょう）

「食べる」「遊ぶ」「ショッピング」をはじめとした生活に関わる情報を検索できる、中国最大のライフサービス検索プラットフォーム。全世界で2800を超える国とエリアの店舗が登録しており、日本エリアでも飲食店やホテル、ショッピングセンターなどはもちろん、サロン、クリニック、エンターテイメント施設なども掲載されています。同サービスの口コミ情報は全世界で77億件以上あり、訪日中国人旅行客にとって重要な情報収集源のひとつです。

▼馬蜂窩（マーフォンウォ）(Mafengwo)

観光地から現地体験、宿泊施設、グルメ、ショッピング、レンタカーなど、世界中の観光情報と予約サービスを提供する中国最大の旅行口コミサイト。ユーザーが投稿した旅行ブログを閲覧できるほか、そのブログにコメントが書き込める仕様で、毎月約1000万件もの口コミが投稿されています。2021年時点でアプリのダウンロード数は7・6億以上を記録しており、訪日中国人観光客の約80％が利用していると言われています。

以前までは団体旅行が中国人の主な旅行スタイルでしたが、近年では個人旅行にシフトしています。それに伴って個々で情報収集するようになり、中国でも口コミの重要性が増しています。実際、「JTB訪日旅行重点15カ国調査2019」では、旅行前に66・9％、旅行中に51・5％もの中国人が口コミサイトを使って情報を収集していることがわかっています。中国人観光客の集客においても口コミ対策は欠かせません。

さて、いかがでしたでしょうか。本書でお伝えしてきた施策は、対象のプラットフォームが変わっても有効なものも多いです。Googleに限らず、自分の店舗に来てほしい国の方々が使う口コミサービスを対象にぜひノウハウを応用してください。

おわりに

本書をお読みいただき、誠にありがとうございました。本書の「すごい集客力」という冠を提案いただいたのは出版社からだったのですが、私はもっと地味めのタイトルを考えていたのです。ただこの内容を出版社の方が「これはすごい集客術ですよ！」と言ってくださったので、タイトルに採用させていただきました。いかがでしたでしょうか。すごかったかどうかは置いておいて、読者のみなさんの集客の助けになれそうなら嬉しいです。

さて、最後に、一番最初にお話ししたようなお店の話を、もうひとつさせてください。

新型コロナウイルス感染症の流行により経済活動の抑制を余儀なくされる中、私はある古くから親交のあった焼肉店から相談を受けました。来店数が減り、テイクアウトをはじめたものの売れず困っていると。私は店舗へ足を運びました。

お店でそのテイクアウトのお弁当をお願いすると、出てきたのはチキンカツ弁当でした。焼肉屋から連想したのは、焼肉弁当だったので、正直戸惑いました。

それを見て店主が「まあいいから食べてみてよ」と言うのです。私は言われるがまま実際に食べはじめたのですが、お肉はお弁当の鶏肉とは思えないほどジューシーで、驚くほど美味でした。かかっているソースも焼肉屋のタレの風味で、意外にも相性抜群でした。思わず「おいしいですねこれ！」と言う私に店主は、にやっとして「肉屋だから」と少し自慢気に言うのです。私もその言葉に「道理でおいしいわけですね」と納得したのでした。

「でもね永山さん、これ1か月で2個しか売れてないんだよ。しかも500円なのにさ」と店主。「しかもがんばって宣伝してるんだよ?」と。なるほど……そりゃ大変だ。それで相談されたんだな。私は店主に尋ねました。

「このお弁当、どこに置いてるんですか?」「レジ前で宣伝して売ってるよ！」

「ほかにネットとかで宣伝してますか?」「SNSで毎日宣伝してるよ！」

確かにお店ではこれを宣伝していたのです。焼肉ランチでおなかいっぱいになったお客様に「チキンカツいかがですか?」と。SNSでも宣伝していました。今まで放置していたお店のアカウントで「チキンカツ弁当はじめました」というひと言とお弁当の写真を毎日頃張って投稿していたのです。

この本を読んでいただいた方なら、改善のイメージが湧いてきた方も多いのではないでしょうか。

私はアドバイスとして「お店前に立て看板を立てて、〝焼肉屋が作るからできる最高のチキンカツ〟として宣伝しましょう」。そして「近くのオフィス街にこの商品名でチラシも配りましょう」と。

そして「Googleビジネスプロフィールでも同じようにこの名前でテイクアウト、持ち帰り、お弁当などなどの内容を入れ込んで発信していきましょう」とお話ししました。

結果的にそのお店は無事コロナ禍を乗り切り、自粛ムードが明けた今も元気に営業を続けています。

振り返ってみればコロナ禍で、強制的に変化を求められたとも言える時勢。このお店の例は特殊な事例でもなんでもなく、日本全国このようなことはいくらでもあったのです。

このお店はうまく乗り切れましたが、もちろん時勢的にどうやったところでどうにもならない状況のお店もあったと思います。

ただ、この急激な変化による困難を乗り越えた店舗と、残念ながらうまくいかなかった店舗があって、このお店のように何かのキッカケでうまく乗り切れたお店があった事実は、私の仕事のあり方をもう一度見つめ直すことにもつながりました。

どの店舗も必死でお客様と向き合い、より良い商品やサービスを提供しようと一生懸命でしたから。

本書では、この時代に集客や売上アップを効率的にかなえる方法として、Googleビジネスプロフィールの活用法を中心にお話ししてきました。みなさんが作られている「いいもの」が少しでも多くの人に知られ、興味を持っていただけて、行きたいと思ってもらえる流れに貢献でき、お店の売上……ひいては地域の幸せに貢献できたら幸いです。

どのようにお店を知るのか？　どんな基準でお店を選ぶのか？　といった消費行動の形は、時代と共に、そして日々、変化しています。ですが、どんな時代であっても「知ること」と「伝えること」を意識することが重要なのは変わりません。

この本質さえつかんでいれば、また大きな変化が再び訪れたときにも、大きな力になってくれることでしょう。こだわりが詰まった商品やサービスを諦めることなく、誰かの生活を、社会を、日本を元気にするみなさんを私は尊敬するとともに、今後もその助けができたらと思っています。

この本を手に取ってくださった方々の自信や希望に、そして少しでもお店や働く人たちの未来につながることを祈って、ここで筆を置きたいと思います。

永山卓也

著者紹介

永山卓也〈ながやま　たくや〉

株式会社ユニットティ 代表取締役。小さな店舗から大規模チェーンまで小売・飲食・宿泊業、観光業と領域は幅広く、地域ビジネスのマーケティング、マネジメント支援を中心に豊富な経験を持つ。地方自治体などからの依頼でセミナー講師やデジタルマーケティング支援を手がける。日本初のGoogle ビジネスプロフィール ダイヤモンドプロダクトエキスパート。

nag@unit-t.jp

協力

株式会社mov

Googleマップをはじめ国内外19サイトの店舗情報管理ができるAI店舗支援SaaS「口コミコム」運営。その中で培った知見を活かし、口コミ対策・Googleビジネスプロフィール運用の専門メディア「口コミラボ」を運営。また、業界最大級のインバウンドビジネスメディア「訪日ラボ」運営およびインバウンド専業のコンサルティングサービスを提供。

口コミラボ　https://lab.kutikomi.com

訪日ラボ　https://honichi.com

[口コミラボ／口コミコム編集部 訪日ラボ編集部スタッフ]

今野 礎

根本 一矢

石橋 美奈子

山本 恵理子

本文デザイン／青木佐和子

＊本書のデータ及び情報は、2024年6月時点のものです。

青春新書
INTELLIGENCE

こころ涌き立つ「知」の冒険

いまを生きる

〝青春新書〟は昭和三一年に──若い日に常にあなたの心の友として、その糧となり実になる多様な知恵が、生きる指標として勇気と力になり、すぐに役立つ──をモットーに創刊された。

そして昭和三八年、新しい時代の気運の中で、新書〝プレイブックス〟にその役目のバトンを渡した。「人生を自由自在に活動（プレイ）する」のキャッチコピーのもと──すべてのうっ積を吹きとばし、自由闊達な活動力を培養し、勇気と自信を生み出す最も楽しいシリーズ──となった。

いまや、私たちはバブル経済崩壊後の混沌とした価値観のただ中にいる。その価値観は常に未曾有の変貌を見せ、社会は少子高齢化し、地球規模の環境問題等は解決の兆しを見せない。私たちはあらゆる不安と懐疑に対峙している。

本シリーズ〝青春新書インテリジェンス〟はまさに、この時代の欲求によってプレイブックスから分化・刊行された。それは即ち、「心の中に自らの青春の輝きを失わない旺盛な知力、活力への欲求」に他ならない。応えるべきキャッチコピーは「こころ涌き立つ〝知〟の冒険」である。

予測のつかない時代にあって、一人ひとりの足元を照らし出すシリーズでありたいと願う。青春出版社は本年創業五〇周年を迎えた。これはひとえに長年に亘る多くの読者の熱いご支持の賜物である。社員一同深く感謝し、より一層世の中に希望と勇気の明るい光を放つ書籍を出版すべく、鋭意志すものである。

平成一七年　　刊行者　小澤源太郎

Googleビジネスプロフィールで
すごい集客力を手に入れる

青春新書
INTELLIGENCE

2024年8月15日　第1刷

著　者　永山卓也
協　力　株式会社mov口コミラボ／
口コミコム編集部
発行者　小澤源太郎

責任編集　株式会社プライム涌光
電話　編集部　03(3203)2850

発行所　東京都新宿区若松町12番1号 〒162-0056　株式会社青春出版社
電話　営業部　03(3207)1916　振替番号　00190-7-98602

印刷・中央精版印刷　製本・ナショナル製本

ISBN978-4-413-04700-5
©Nagayama Takuya 2024 Printed in Japan

本書の内容の一部あるいは全部を無断で複写(コピー)することは
著作権法上認められている場合を除き、禁じられています。

万一、落丁、乱丁がありました節は、お取りかえします。

こころ涌き立つ「知」の冒険！

青春新書 INTELLIGENCE

ファイナンシャル・ウェルビーイング	山崎俊輔	PI・674
これならわかる「カラマーゾフの兄弟」	佐藤　優	PI・675
次に来る日本のエネルギー危機 ウクライナ戦争で激変した地政学リスク	熊谷　徹	PI・676
60歳から幸せが続く人の共通点 「老年幸福学」研究が教える	前野隆司 菅原育子	PI・677
それ全部pHのせい	齋藤勝裕	PI・678
山本式「レストポーズ」筋トレ法 たった2分で確実に筋肉に効く	山本義徳	PI・679
寿司屋のかみさん 新しい味、変わらない味	佐川芳枝	PI・680
ネイティブにスッと伝わる 英語表現の言い換え700	キャサリン・A・クラフト 里中哲彦［編訳］	PI・681
定年前後のお金の選択	森田悦子	PI・682
新装版 日本人のしきたり	飯倉晴武［編著］	PI・683
新装版 たった100単語の英会話	晴山陽一	PI・684
日本・台湾・中国の知られざる関係史 「歴史」と「地政学」で読みとく	内藤博文	PI・685
組織を生き抜く極意	佐藤　優	PI・686
無器用を武器にしよう 自分を裏切らない生き方の流儀	田原総一朗	PI・687
「ひとり終活」は備えが9割 事例と解説でわかる「安心老後」の分かれ道	岡　信太郎	PI・688
生成AI時代 あなたの価値が上がる仕事	田中道昭	PI・689
【最新版】やってはいけない「実家」の相続	税理士法人レガシィ 天野　隆 天野大輔	PI・690
老後に楽しみをとっておくバカ	和田秀樹	PI・691
歴史の真相が見えてくる 旅する日本史	河合　敦	PI・692
やってはいけない「ひとりマンション」の買い方	風呂内亜矢	PI・693
「ずるい攻撃」をする人たち 既読スルー、被害者ポジション、罪悪感で支配	大鶴和江	PI・694
リーダーシップは「見えないところ」が9割	吉田幸弘	PI・695
日本経済 本当はどうなってる？	生島ヒロシ 岩本さゆみ	PI・696
60歳からの新・投資術 「年金＋3万円〜10万円」で人生が豊かになる	頼藤太希	PI・697

お願い ページわりの関係からここでは一部の既刊本しか掲載してありません。折り込みの出版案内もご参考にご覧ください。